JN114326

分析経営から
創造的経営へ

脱・失われた 30 年への処方箋

櫻井 敬三・高橋 文行・藤井 　享
真崎 　貴・山田 善教・渡邉 　惠 [著]

文眞堂

はじめに

　本書は7年ほど前に価値創造型企業支援研究所内に発足した「ネクスト マネジメント 展望研究会」の主力メンバー6名でまとめた図書である。この3月開催の研究会が50回目の会合となった。但し40回（ちょうど1年前）までは，多くのメンバーで集い，都度身近な話題から企業の課題さらに国家的問題点など幅広く発表＆質疑応答してきたところである。その後，直近10回は本研究会のまとめをする活動とし，本執筆者6名に絞り，実際にどうまとめるかの討議をし，まとめたものである。したがって，本書には40回までの多数の参加者の質疑応答のエキスが詰まっている内容である。研究会議事録は本書の付録としてまとめてある。

　さて，本書では序章で示す通り，日本の現状を危惧し何としてもこの日本の危機を脱却しなければとの思いで考え抜いた結果，「今の日本を救える方策は何か」を導き出したのである。

　「誰が行うのか」の回答は，『**日本の中小製造企業の社長さんが適任者**』と判断した。その理由は，実は ① 製造企業が日本のGDPを支え，かつ中小企業が大企業よりも多くの比率で貢献していること，また ② 大企業よりも利益率が高い中小企業が30％近くあること，③ 人材を大切にしている（正社員比率が74％）こと，そして，④ 普段から技術向上努力をし続けている（研究開発実施率が48％）ことが上げられ，その点で最も今日の日本をイノベーションで変革できると考えたからである。

　次に**「何をするか」**の回答は，第1章1節で示す通り，『**イノベーションを創出するためにまずすべきこととして4つを上げた**』。

　これがすべてのスタートとなる。以下に列挙する。

・**必要なモノを必要なだけ生産する。**すなわち受注生産を実施
・**社会に目配りして生産する。**すなわち短期利益より社会意識を優先
・**真のパートナーシップで生産する。**すなわち下請企業構造の打破

・真の顧客価値を実現するモノを生産する。高付加価値化の実現

　次に「日本の中小製造企業の社長さんが，上記の4つをすることに目覚めるには何をすればよいか」であるが，そのためにはイノベーションを実行し成功するための何か良い方策はないかを検証した。その結果，『基本理念を維持しながらイノベーションを連続的に生み出し続けることが必要』との結論を導き出した。具体的な項目と方法は，次の通りである。

・自社の『企業ビジョンと社長方針』を明確に策定

　⑴ ビジョン コンセプト シート（社長さんの思い（志と使命）記載）

　⑵ ビジョン系統図（社長さんの思いを社員と関係者に伝達）

　⑶ 社長方針レーダーチャート（社長さんが実現したい方向性記載）

・課題解決には分析活動ではなく統合活動を実施

　⑷ 全知全能を結集し取り組む（情報収集➡分析➡評価は中止）

　⑸ 傍観者姿勢の評論家（コンサル）のたわごとは無視

・下請的扱いをされている企業との取引を中止

　⑹ 自社技術が優位なら容赦なく取引先を恫喝し指値を覆す

　⑺ それでも駄目なら悪徳大企業との取引を中止

・新たな高付加価値を創出

　⑻ 「つまり・だったら変換」を実施

　　自社の価値確認➡顧客の気持FIT設計➡自社の新価値確認

　⑼ 事業計画へ新価値確認を落とし込む

　　「できます・儲かります」と「販売・利益計画」でチェック

　⑽ 高付加価値額の誕生

　　本業で高い利益を上げ，十分な報酬支払と将来の投資を行う

・その他事業推進の支え

　⑾ DX化で受注生産方式に切り替え（見込生産➡受注生産）

　⑿ 社会を意識した生産へ切り替え（利益優先➡社会優先）

　以上，本書のメッセージは「中小製造企業の社長さん，皆さん方が今の日本の閉塞した状況を打開する突破口として頑張ってください」と言う内容である。是非 本書を読んで実行してください。期待しています。

　なお，本書を読まれる際には，まず目次を一読され，次に序章から第 6 章までの各章の最初記載の要約文（各 1 頁）を読まれ，その後，結章「NEXT MANAGEMENT への展望」(5 頁) のすべてを読んでほしい。そうすることでより本書内容の全容の理解が深められるはずである。

2023 年 8 月 31 日

執筆者一同

目　　次

第6章　画期的な改革の進め方
　　　　（イノベーション誕生にはビジョン策定と
　　　　統合アプローチ）

序章
停滞 30 年の付けは日本を滅ぼしかねない

2

　本章では，日本の現在おかれた状況を冷静に分析した上で，如何にすれば日本の復興が実現できるかをまとめてある。その結論は，明治維新以来続く国家主導で大企業がリードする体制から，技術力があり，売上高経常利益率の高い中堅・中小製造業が中心となり，国家を引っ張っていくことが得策と説いている（10 節）。

　そのためには経営者（社長さん）が自社のミッションを明らかにし，従来の課題解決を分析から実施するのではなく，分析と統合の両方をバランスよく実施してイノベーティブな改革・革新ができるとし，その考え方の骨子を説明した。詳細は 1 章から 6 章までに記載されている。

　本章 1 節から 3 節までは日本経済の停滞 30 年の実情説明（1 節），そして，1989 年年末から 4〜6 年続いたバブル経済崩壊で地価や株価が 1/2 になったこと（2 節），経営者（社長さん）は今こそ無責任な発言しかしない人々からの情報を無視すること（3 節）を客観的データを基に説明した。

　次に日本を救えるのは中小製造企業がその担い手であると言及する。その理由は現在でも GDP を支えていることや正社員が多くおり，研究開発に余念がないことでイノベーションを実現できるポテンシャルがあると説明した（4 節）。

　そして，5 節から 9 節までで，是非今後取り組んでいただきたいことを簡潔に説明した。詳細は後の章で詳しく説明する。

・売上高経常利益率では中小企業は 4 社に 1 社以上が大企業より高い。したがって下請事業の完全撤退，自社技術力を生かした高付加価値への移行，儲からない現取引業者の業種から別の業種への移行などの実施をすること（5 節）。
・国や地方自治体の補助金制度は，それを活用するならば経営者（社長さん）が自ら計画し申請すること（6 節）。
・自社のビジョンを明確にし，その内容を社員やステークホルダーにわかりやすく周知すること（7 節）。
・5 節や 7 節を実践した上ではあるが，市場適応型ではなく市場創造型をめざす経営が求められること（8 節）。
・課題解決は分析ではなく分析＋統合を行い，新たなフレームの改善解が導けること（9 節）。

1 数字で見る日本の実情

　西暦 2022 年は日本の節目を感じさせる年（とし）で，日本の近代化の開始，明治維新（1868 年）から 154 年目にあたる。日本が第二次世界大戦に敗れた 1945 年は，そのちょうど中間点にあたる。明治維新から大戦終了までが 77 年間，大戦終了から 2022 年までが 77 年間である。今後来る 77 年間はどうなるのであろうか？

　日本近代化の前半の 77 年間は明治維新後欧米に並ぶために殖産興業政策と富国強兵政策を柱とし第二次世界大戦が終了するまで突っ走り，その結果敗戦という苦い経験をしたのである。日本国家は現在換算で 800 兆円の国家負債を抱えること（NHK（2022 年）[1]）となった。

　また，後半の 77 年間は，後述するバブル崩壊により，日本は土地や株式などの民間資産 1400 兆円の損失を被り，かつ直近の 30 年間はデフレ経済渦で国家成長できず，国を維持するための赤字国債を多発しその結果国家の年間予算の倍の 1200 兆円を抱える国家負債となっている。『困った』を通りすぎ，『国家存亡の危機』とも言うべき状況に陥ってしまっている。しかしながら国民は，その危機意識が希薄で，過去の栄光（1960 年代〜1985 年）の当時を知る多くの国民は問題意識を持っていないのである [2]。

　ここで，少し，具体的な数字で確認してみよう。

　図表序-1 は，日本の戦後 12 年後以降の経済成長率の推移を，内閣府データを基にまとめたものである。経済成長率は毎年乱高下するが，図表からわかることは三期に分かれることである。第一期 56 年から 73 年は高度成長期で平均 9.1％の成長率であった。その後，ニクソンショック，為替レートの変動相場制への移行など，世界経済制度の大きな変化に伴い，日本企業は地産地消の観点で海外移転の促進などを実施し第二期 74 年から 90 年は安定成長期で平均 4.2％の成長率となった [3]。この第二期の終わりの 86 年から 90 年は後にバブル経済期と言われた時期が到来する。具体的には図表序-3 に示す通り，4 年間の間で株価と地価が 2 倍になったのである。そのため，多数の企業の経営者は，財テクと称する株や土地の購入に走った。その儲かった金で海外物件を購

図表序-1　大戦後の日本の経済成長率の推移

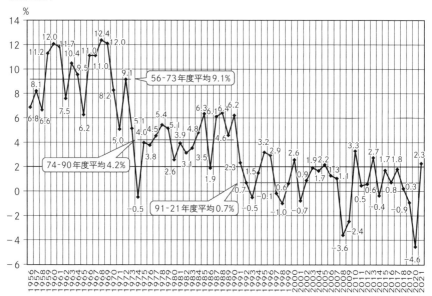

出所：http://honkawa2.sakura.ne.jp/4400.html を引用
（図録▽経済成長率の推移（日本））

入する企業（三菱地所は米国のロックフェラーセンタービルの購入ほか）も現れた。また日本企業は1989年度だけで研究開発費を8兆円，特許出願を35万件も出願するというお祭り騒ぎ状態であった。その後，バブル崩壊が起きたのである。この根源的状況は2節で説明するが，90年度を境に91年から2021年は超低成長期で平均0.7％の成長率となった。この期間ではマイナス成長となる年が9回あり，資本主義経済禍としてはあってはならない状況に陥ってしまっている。直近の30年余に渡る状況は放置できる状況とは言えない。

　次に，日本の国際競争力について図表序-2で説明する。図表序-2はスイスの国際経営開発研究所（IMD）が毎年発表するもので，①経済状況，②政府の効率性，③ビジネスの効率性，④インフラの4指標で63カ国の国際競争力順位を公表するものである。他の同様な指標に較べ比較項目が多いことと各国

図表序-2 スイス IMD の WCY 指標による日本の国際競争力順位

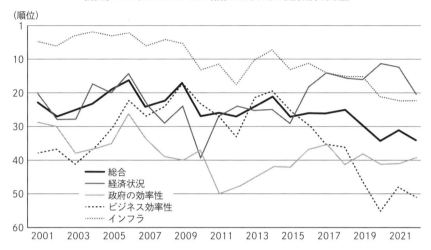

（順位）

- —— 総合
- —— 経済状況
- …… 政府の効率性
- …… ビジネス効率性
- …… インフラ

2001　2003　2005　2007　2009　2011　2013　2015　2017　2019　2021

出所：https://www.mri.co.jp/knowledge/insight/20220927_2.html を引用
IMD「世界競争力年鑑 2022」からみる日本の競争力　三菱総合研究所

の客観的データを基にしていることから多くの国々から支持されている[1]。それによると 2022 年 6 月発表では，総合順位は 34 位である。1989 年から 1992 年までの期間では本指標順位が 1 位であったこともあるが年々低落傾向にある。本順位を低落させる要因として従来から指摘されてきたのは ② 政府の効率性（39 位）であったが，近年（2014 年以降）は ③ ビジネスの効率性（51 位）であることが問題とされている。なお ① 経済状況と ④ インフラはそれぞれ 20 位と 22 位である。ここで G7 の国々ではイタリア以外は皆日本より上位に位置している。また東アジアの国々では日本より上位の国々は 7 カ国（シンガポール，香港，台湾，中国，韓国，マレーシア，タイ）ある。日本は GDP の総額は世界 3 位であるが，個別の国内システムや国際ビジネスでの評価は低いのである。

---

[1] IMD は指標が他の機関の指標に較べ格段に多く，2022 年 6 月 14 日発表分は 333 項目で他指標は 31 から 118 である。

2　どこに問題があったか

　図表序-1の直近30年間の経済成長率の低迷や今から30年前世界1位の国際競争力が直近2022年で34位まで低落してしまったのは1986年から1989年までのわずか4年間のバブル経済期の影響であることは明白な事実である。

　図表序-3はバブル経済期，さらにそのバブル崩壊期以降の状況を日経平均株価と公示地価の推移（1980年以降）を示している。前者は図表の左側の年度ごとに日経平均株価の絶対値で示し，後者は三大都市圏の公示地価平均価格を，2000年を100として右側の百分率で示してある。1986年からわずか4年間で日本の株価と地価が2倍になったのである。その起点は明確ではないが，図表序-3の起点である1980年から1989年までの10年間で見ても株価は4.5倍，地価はそれより高い5.5倍となっている。地価はバブル崩壊時期が2年間ずれており1991年までで6.5倍まで膨れあがったのである。

　この期間，日本中は明治以来の近代化で初めて経験する資本主義経済渦中の飛躍的前進，経済活動の指標の1つである株価と地価の両方ともの急激な高騰をバブルとは思わず，日本経済の底力の結果と見て，すべての日本人が酔い知れ，その結果企業はむろん国民も財テクと称し，株購入や土地購入（含む不動産物件）に走ったのである。しかしその動きは長くは続かず1989年年末を境に株価は急激な暴落がおき株価はわずか3年間でバブル前の水準まで急降下し地価は6年間でバブル前の水準まで低下したのである。以下で

　2.1 バブル経済期，そしてバブル崩壊はなぜ起きたか？

　2.2 バブル崩壊で日本国はどうなったか？

を検証してみたい。但し，本書は企業経営者の今後の活動指針を提示することが目的であり，ポイントのみ説明する。

2.1　バブル経済期，そしてバブル崩壊はなぜ起きたか？

　結論を言えば，日米の経済戦争に日本が敗れたと言える。また日本の財務省や日銀などこの道のプロの失策と言える。すなわち米国にうまくやられたと捉えることができ，その点では第二次大戦の敗戦に次ぐ，第三次（経済）戦争に

図表序-3　日経平均株価と地価公示価格の推移

（注）地価は，国土交通省ホームページ「地価公示」より，三大都市圏（東京圏，大阪圏，名古屋圏）の全用途平均価格について，2000年の価格を100として記載。
出所：http://www.crepe.e.u-tokyo.ac.jp/material/crepefr4b.html 引用：（資料｜東京大学政策評価研究教育センター（u-tokyo.ac.jp）バブルの本質に迫る経済理論の構築　図1）

負けたと見ることもできる[2]。

　具体的には1980年代初頭，円安で日本が大幅な貿易黒字となり，米国が経済の減速化により景気悪化で苦しんでいた。これが日米貿易摩擦（古典的名称なら経済戦争状態）で，その解消のため米国がしかけたドル高を是正するプラザー合意（1985年）がそのスタートである。この動きにも関わらず，日銀は1987年に公定歩合を2.5％に引き下げ，ちょうど日本では新規投資による工場建設や商業施設の増設が高まっていたことから地価バブルが起こり，企業の新たな投資欲への希望が明確化され株価の底上げ要因となり株価バブルも起きたと言える。そのバブル景気を鎮めるために，総量規制を導入し，1990年8月末の公定歩合を6％に引き上げた。その結果，株価と地価の暴落が同時に進行

2　米国は日本を潰すために株価操作が可能な「裁定取引」を，CPUを駆使し実行し，日本の証券会社は「相場取引」に終始したことが敗因と言われている。情報化の波に乗り遅れた日本の株式市場に問題があった。

したのである。筆者は，日本の国の政策を担う人々（政府・財務省・経産省・日銀・外務省等）が興した後手・後手の経済政策のミスが原因とみている。

2.2　バブル崩壊で日本国はどうなったか？

結論から言うと，この ① バブル経済期（1986 年〜1989 年），② そのバブル崩壊（1990 年〜4 から 6 年3)）は，あれから 30 年経った今日でも日本経済は無論，日本国民に多大な影響を与えている。

少し手短に振り返ると下記であった。

・バブル経済期には大企業は財テク（土地や株の購入）に走り，その暴落により，多くの損失を被った。

・つぶれる企業はこの際つぶれればよかったのであるが，大企業はそれまでに持っていた資産を切り崩し何とか持ち堪えたのである。しかしその結果，新たな投資をし，研究開発をしたりすることはせずに利益分は内部留保として，次の経済危機に備えることに終始した。

・人件費も現状維持とし，自らのビジネスの成長も他国の動静とは全く違う内向き経営となった。

ではなぜ，そのような経済低迷を 30 年間も続けて来られたのであろうか。国内生産から海外生産に切り替えることによる合理化でのコスト削減に傾注4した結果，国内へのバイバックによる製品が流通できたことが良かったのであるが，それはデフレーションを招く結果となった。しかし，デフレ経済禍では経済活動が停滞するため法人税の収入が伸びないため，国は税収確保のために消費税を導入するも焼石に水状態で，禁じ手の赤字国債を毎年発行し，財政出動しながら，何とか国の体面を保ちつつ運営してきた。その結果，2022 年度には国家予算の 2 倍の赤字国債残を抱えている。むろん，世界でもまれな状況にある。その過程で誕生した安倍政権は『アベノミクス』と称する施策をぶち

3　バブル崩壊の終り時期を特定することは難しいが日経平均株価が急落下げ止まったのが丸 3 年であり，地価は遅れること 2 年後から急落し 2000 年まで継続的低落を続けている。したがって常識的には株価と地価の両方を合わせ 4 年から 6 年と見るのが妥当と思われる。

4　日本的経営の良さであるボトムアップの現場の生産対応中心が幸いしたのである。この点で第二次大戦後の高度成長時代に確立した『日本的経営』が結果的には直近の 30 年間の負のスパイラルを生み出したことになる。

上げ，三本の矢として「大胆な金融政策」「機動的な財政政策」「民間投資を喚起する成長戦略」を掲げるも，金利政策でのデフレ容認や円安容認などかってない情勢下に陥っている。その結果，世界はグローバル経済禍で，日本の信用度は低下の一途をたどっている。

　現在，日本法人企業は余剰資金を前向きな投資に回さず，内部留保（利益余剰金）をため込んでいるが，これも30年前のできごとと政府の経済施策の無為無策が原因であり，企業がその方針を直ぐ様変えることはまずない。

3　どこからどのように対応し日本国滅亡から脱却できるか

　ここまでの説明から日本は相当，病める国家であることをご理解いただけたと思う。どうすればよいのだろうか？

　以下，図表序-4を見ながら説明したい。なお本図表の社長さん[5]とは，企業経営者，それに準じる企業人，また問題意識を持った日本国民である。

　日本を良くする，すなわちGDP向上や従業員雇い入れなどで尽力できるのは民間企業体である。したがって，本項で扱う国家滅亡を脱却するためには民間企業体の役割は大きいと思われる。またその企業体をまとめる経営者[6]はその責任が重大である。

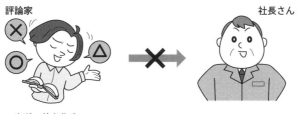

図表序-4　評論家のたわごとは無視せよ

評論家　　　　　　　　　　　社長さん

出所：筆者作成

5　ここで言う『社長さん』とは代表執行役社長のイメージである。したがって企業の代表取締役社長ではない。但し，中堅・中小企業の場合にはこの2つを分けることはないのが通常である。

6　ここで言う『経営者』とは代表執行役社長と企業の代表取締役社長の両方を指す。なお中堅・中小企業の場合にはこの2つを分けることはないのが通常である。

　この項の結論としては，経営者は常識的知識を基とする批判や忠告をする評論家と付き合わないことである。ここでいうところの評論家とは，能書きをいう人々であり，一言で言えば『過去分析』『それらしい能書きを高説』『こうすべきだ』『自分は中立な仲介者』『きれいごとでまとめる』などを平気で言い放つ人物である。特徴的な行動パターンは『実行力の欠如』『オーナーシップの欠如』『責任感の欠如』『傍観者的な姿勢』に代表される人物である。周りを見渡してみてほしい。沢山いると思う。

　このように書くと，きっと多くの経営者は「そんなの嘘だ」と思われるだろう。失礼な話かも知れないが筆者が成功した経営者を観察していると確かに多くの方々と話しているし，いろいろなことを知ろうとされていることがわかる。ただし，重要なことは自社の役に立つ情報かの判断の準備，具体的には① 自社経営状態が現状どうか，② 新たな事業計画の準備の状況はどうでどのようなことが明確化されていないか，③ もし新たな顧客や仕入れ先と取引する時のリスクは何でどこが問題か，④ 生産性向上に必要な方法はこれだと決められる根拠を持っているか，⑤ 資金調達が必要な時，適切な予算と適切な借入金をバランスさせる前提となる根拠を持っているかなど，経営者としてあらかじめ，明確に根拠データ，根拠思想，根拠行動指針，そして何より未来予測のいくつかのパターンをイメージできていることが必要であろう。これらのことを相談しなければならないとすると経営者としての資質がない人材と言わざるを得ない。

　筆者は過去数十年で多くの経営者と話をしてきた。民間企業時代は全社の調達部門の責任者として取引をする相手としてどうかを見定めていたし，その後大学教員となってからは中堅・中小製造業が価値創造型企業へ変身するためのお手伝いとご相談に乗ることもあった。少数であったが自ら自社の経営に必要な諸条件を踏まえ，的を絞った質問ができる経営者にお会いしたことがあった。その方々はその後企業成長のシナリオを実現できていた。一方「当社の経営はどうでしょうか」的な質問しかできない経営者の企業は鳴かず飛ばずで，その後の業績が芳しくないことが多かったように思う。

　要するに外部専門家を使うとは，自身の考えるところ，経営学で言うところの『ビジョン』，日本語では『志』，すなわち『思い』を形成できる能力があ

り，企業の規模にもよるが，自らその『思い』を明確化でき，その迷いのない最終決断をする確認のための最終手段として外部専門家でも，企業仲間でも，家族や自社役員や自社社員などに確かめるために必要最小限で聞き，その回答を1つの判断材料にすべきと考える。したがって基本的に経営者が基となる『志』をストレートに言うことは最後の最後であるということを自覚すべきであろう。

　普段接触している経営者の一部の方には，問題な経営学者の著書に書いてある例えば『権限移譲が大切』とか，国が推進している『働き方改革の進め方』などを基に，内容を自身で吟味もせずに人任せで実行している場合を見聞する。このような経営資源の無駄づかいと思われるケースに遭遇する。また実際にあったことだか，国や自治体が開催するイベントに経営者自身が参加し，その際，いろいろ質問をするとその講師陣（役人や元役人や程度の低い経営学者ほか）は決まって「これ以降は，某コンサルタント会社と相談されるとスムーズにことが進むでしょう」などというのである。特に国や地方自治体の税金を基とした補助金に絡む審査書類などはその業者経由でないと実際は申請を受け取らないといったところまでシナリオができている補助金制度があるので，経営者は自らを正し，自社に取って有益な内容かを十分に見極める眼力が必要である。『経営者は孤独である』のセリフはこのような時にこそ適用し，経営者自らがその最終決定者であることの認識で立ち振る舞うことが必要であろう。その点で，特に中堅・中小企業経営者には，国の中小企業庁ルートや地方自治体の産業振興を目的とした各種組織が存在するが，その外郭団体を含め，その組織と外部専門家との強固なネットワークが存在し，その組織間連携で，自社の経営行動がサーチされ，そのためのつまらない制度や資金繰りの悪循環の罠にはまらないよう，注意していただきたいのである。図表序-5に現行で中堅・中小企業の経営者が相談している状況を示すアンケート結果を示す。本データはマネジメントクラブ調査結果（n＝367名）である。ここで申し上げたいことは①一人で判断している経営者，②身近にいる方々と相談している経営者，③外部専門家と相談している経営者がほぼ同数の割合である。筆者が上記したことを十分にご理解いただいた上で相談者を決め，適切な行動を起こすことを望むものである。

図表序-5　経営者には相談相手がいない？

出所：https://keieisha-connect.com/2020/05/19/soudan/ を引用
　　　中小企業の経営相談に効果はある？経営課題別・相談先の選び方も教えます
　　　経営者コネクト（keieisha-connect.com）

4　なぜ，中堅・中小製造企業をターゲットに選んだのか

　3 節で民間企業の経営者の手腕でこの日本の難局を打破しなければならないことが明確化されたが，では如何なる業種がその先陣を切るべきかについて論じたい。結論から言うと 4 節のタイトル通り，中堅・中小企業で業種は製造業でなければこの難局は突破できないと考えられる。その理由について以下説明する。

4.1　日本の製造業の置かれている状況

　日本に拠点を置く全産業（製造・卸・小売・サービス・その他）の企業数は367.4 万社（2021 年現在）存在し，その内中小企業庁の定義に当てはまらない中堅・大企業が 1.1 万社あり，それ以外は 99.7％が中小企業である。その内でモノづくりを行っている中小製造企業は 38 万社（2021 年）ある。その 77％が

社員 10 名以下で，さらに 50 名以下を加えると全体の 94％が小規模経営である。さらにドリルダウンするとこれら中小製造企業の経営者の平均年齢は 65 歳近くの年齢で後継者がおらず，廃業に追い込まれているところも存在する。経営者の健康上の理由やコロナや自動車業界の方式変更に伴う受注減なども相まって，その減少傾向は増々加速しそうな流れである。ではなぜこのような情勢下にある製造業でしかも中堅・中小企業にターゲットを絞るかということについて以下 4.2 項で明確化する。

4.2 製造業を選択する理由は

図表序-6 を見てほしい。内閣府の日本の業種別 GDP の構成比を示している。製造業種が全体の 20.5％を占めている。ボリューム的にはサービス業が 32.1％を占めるが，図表序-7 に示す通りサービス業種の分野は多種にわたる業態が存在し個別にはボリュームが小さいのである。さて，その製造業種の GDP 内訳であるがバブル崩壊以降，大企業よりも中小企業の方が多くなり，直近では 60％近くである。要は日本の中小製造業が日本の GDP の担い手であることがわかる。

図表序-6　日本の業種別 GDP 構成比（2019 年度）

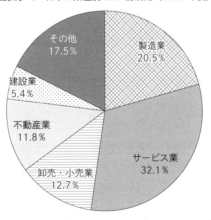

出所：https://www.jetro.go.jp/invest/attractive_sectors/manufacturing/overview.html 全体概況
製造業 主要産業ジェトロ（jetro.go.jp）

図表序-7　日本の産業別就業者数（2021 年度）

卸売業，小売業	1062万人 (15.9%)
製造業	1037万人 (15.6%)
医療，福祉	884万人 (13.3%)
建設業	482万人 (7.2%)
サービス業 (他に分類されないもの)	449万人 (6.7%)
宿泊業，飲食サービス業	369万人 (5.5%)
運輸業，郵便業	350万人 (5.2%)
教育，学習支援業	346万人 (5.2%)
情報通信業	256万人 (3.8%)
学術研究，専門・技術サービス業	252万人 (3.8%)
公務 (他に分類されるものを除く)	248万人 (3.7%)
生活関連サービス業，娯楽業	225万人 (3.4%)
第一次産業	211万人 (3.2%)
金融業，保険業	166万人 (2.5%)
不動産業，物品賃貸業	141万人 (2.1%)
複合サービス事業	50万人 (0.7%)
電気・ガス・熱供給・水道業	34万人 (0.5%)
分類不能の産業	104万人 (1.6%)

0　1,000　2,000　3,000　4,000　5,000　6,000　7,000　万人

出所：https://www.jil.go.jp/kokunai/statistics/chart/html/g0004.html 引用
産業別就業者数｜早わかり　グラフでみる労働の今｜労働政策研究・研修機構（JILPT）

　また今後，日本の GDP を底上げするためには，イノベーションが必要不可決である。2020 年度の中小企業白書からイノベーションに必要とされる陣容と研究開発費の割合を業種別に比較してみたい。

社員の正社員数：製造業 74％，卸・小売業 50％，サービス業 25％

研究開発実施割合：製造業 48％，卸 18％・小売業 5％，サービス業 17％

　上記から明らかなように，日本の製造業がイノベーションを行う素地が十分にあることがわかる。現に過去，輸送・電機・精密機械の大企業の下請企業として技術ノーハウと技能を磨き上げてきた企業群である。また筆者が BtoB の大手製造企業に在籍していた経験から，現在，国内に残っている中小製造業の技術力（① 原型技術着想，② 複数の矛盾技術の融合着想，③ 具現化操業技術，④ 製造法）は大企業より勝る能力を有していると考えられるのである。

　さらに，情報化の動きの中で，IoT にはモノづくりのノーハウが必要不可欠でインダストリー 5.0 でも製造業がキーであることから製造業がその中心的役割を担うことが期待される。

　日本は幸いなことに第二次世界大戦後，製造業が国家をリードして来たこと

は明らかである。また経産省の指導のもと，大企業と中小企業の下請企業構造
化を推奨してきた経緯があり，そのこと自体悪しき商慣習であったが，その結
果，中小企業内に技術や技能のノーハウが蓄積されて来たのである。これが不
幸中の幸いであった。いまこそ，元気を失っている日本の製造大企業に対し，
中堅・中小製造企業が日本の GDP の拡大成長のために貢献する先陣を切るこ
とが日本の明るい未来を構築することになると考えられる。

5　中堅・中小製造企業が進むべき道。『やれること』の見極め

　4 節でこれから日本の再建の担い手は中堅・中小製造企業であることを示し
た。ではその企業群が『やれること』を 5 節で明らかにしておきたい。
　図表序-8 は製造業種で，横軸が売上高経常利益率を 2.5％刻みで取ってあ
る。縦軸はその各売上高経常利益率の占める割合を示している。図表の実線が
中小企業の分布割合で，細線が大企業の分布割合である。それぞれの平均値は
中小製造企業が 3.74％で，大手製造業企業が 5.84％である。平均値で言うと
大手製造業企業の方が中小製造企業よりも儲かっているのである。しかし，図
表の矢印に記載されている通り，大手製造企業の平均を上回る中小製造企業の
割合が何と 27.1％もあることがわかる。要は，全中小製造企業の 1/4 社以上

図表序-8　売上高経常利益率の大企業と中小企業の分布（2016 年度）

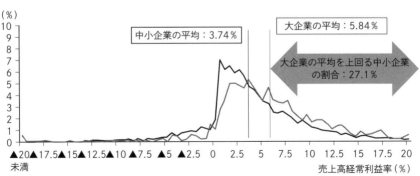

出所：2016 年度中小企業白書 第 2 部 第 6 章　第 2-6-3 図を引用

図表序-9　2020 年の製造業の業種別売上高営業利益率

項　目	売上高営業利益率
製造業全平均値	3.43%
化学工業	8.35%
生産用機械器具	4.86%
電気機械器具	3.12%
輸送用機械器具	0.56%

出所：経済産業省　2021 年企業活動基本調査確報（2020
年実績）付表 5 を基に筆者作成

　が技術で大企業に勝っている可能性があるということである。このことは前節
で示したイノベーションの可能性の高い中堅・中小製造企業がいることを示唆
している。
　次に図表序-9 に経済産業省 2021 年企業活動基本調査確報（2020 年実績）の
データを基に筆者が売上高営業利益率を計算し集計した値である。製造業の全
平均値が 3.43％であるが，電気機械器具と輸送用機械器具はそれぞれ 3.12％
と 0.56％で平均値を下回っている。一方化学工業と生産用機械器具はそれぞ
れ 8.35％と 4.86％で平均値を上回っている。従来は，見込み生産でマスプロ
生産する製造企業との取引が有利とされてきたが，近年は利益率が低いことが
わかる。個単価が安い上に個数が確保されないのである。電気と輸送の両業界
は儲からないのである。
　以上から中堅・中小製造企業が今後進むべき道は下記が得策と思われる。
1）図表序-8 の大企業よりも儲かっている中小製造企業群
やれそうなこと：儲からない下請事業から撤退し自社の技術力を信じ高付加
　　　　　　　　　価値の技術開発（自主独立型企業へ）
2）図表序-8 の大企業よりも儲かっていない中小製造企業群
やれそうなこと：現取引業種から別の業種の比率を上げ，現取引業種の取引
　　　　　　　　　での仕切価格の値上げを要求
　以上の選択肢がある。近未来を見据えた方向性としては，業種ではマスプロ
生産型業態の大企業からの取引の撤退であり，従来蓄えてきた技術や技能の

ノーハウを活かした分野への新たな進出が望まれる。ただし，今まで取引していた大企業との訣別により取引銀行からの借入金の貸し渋りなどが想定されるが，新たなビジネスチャンスに懸ける方がきっと企業にとっては将来大きなメリットとなることが想定される。

6　もはや，国や自治体におんぶに抱っこは駄目

6.1　補助金制度はこのままでいいのだろうか

　現在，『事業再構築補助金』があり，従業員数や事業規模別で，税金を原資とする資金援助がなされている。その内容を見ると，その補助金の対象はハード（建物費，建物撤去費，設備費）と諸経費（外注費，技術導入費，研修費，広告宣伝費，販売促進費，リース費，専門家経費など）に分けられている。国の場合には主にハード部分の補助金が対象である。ここで3節でも述べた通り国や地方自治体がその業務を遂行するのだが，具体的な申請書類作成を含む準備段階で，行政組織の外郭団体やその近隣にいる外部専門家を有している外部コンサルタント企業が対応するのが一般的である。すなわちこの国，外郭団体，外部コンサルタント企業のネットワーク構築で対応していることが多い。上記には資金繰りを含め金融機関から派遣されるコンサルタントも加わることがある。

　筆者は以前，その申請内容を審査する委員を務めたことがある。

　ここで審査書類をみて驚いたことは，その事業内容はすでに大企業で実施されており，今更新規事業でする内容とは思えなかったのである。また，申請額の半分以上が指導したと思われる外部コンサルタント会社に入るようになっていたりしたのである。あきらかに，国の補助金を外部コンサルタント会社がむしり取る構図が見えたのである。

　また，前述した事業内容そのものの技術評価が甘い気がしたので，後日，その審査事務局に聞くと，国からの補助金を使い切らなければ次年度の補助金がカットされるというのである。そこで，前出したネットワークを使って中小製造企業に補助金の申請をさせるのだというのである。中小製造企業の意思ではなく，県の要請で無理やり申請させられたのであれば，新事業が創成される可

能性が極めて低い事業でも審査を通さなければならない。補助金を使い切ることにのみ傾注しているのである。ここで思い出すのは山口県の本補助金の執行をしている県の役人と話したことである。その方曰く「現総理大臣は当県出身者ですが，山口県では補助金を使ってまで自社開発をする企業がないのです。ほどほどに儲かっておられ，その必要がないようです」。その後，筆者が山口県の中小製造企業を調べてみると，電気（機）や輸送関連の仕事をしている会社がなく，重厚長大型の企業との取引が中心であることがわかり，きっとそのような取引先企業は適正利益を載せた仕切り価格で商いをしているのだろうと推測した。山口県職員の言葉が忘れられない。「補助金を使い切るということではなく，必要であればお使いくださいですよ」。前述した県とはだいぶ違う動きである。筆者は山口県の県の対応が本来であると思うし，また普段から適正価格で商売をし続ける企業間関係があることが重要であると考えるのである。

　すでに15年以上前であるが，経産省のお役人も参加している中小企業の今後について語る会合の席で，中小企業団体の責任者がいくつかの補助金制度について廃止を申し出ている場面をみた。その時のお役人は「現在，本補助金制度は経産省が直接関わっていないので申し訳ないが廃止はできない」という情けない回答であった。

　2010年であるが，その年の中小企業白書で中小企業も今後は海外に進出する必要があるとした新たな見解が示された。その結果，各県では東南アジアの国々に点在する工業団地内の貸工場の一角を借り，工場内を分割してその県の海外進出企業に貸すような事業を始め，その国の現地語や商習慣の心配はなく，県がフォローしますとパンフレットに記載したのである。実際は，大企業でその国にしばらくいた駐在員だった人を雇い，その借工場内に進出した企業の支援をするというのである。うまく行くはずもないのである。また日本貿易振興機構（JETRO）の海外駐在員の人件費の一部は中小企業向け支援のためと称し予算化されている。要は中小企業向けで新たな施策が提案実施されるたびに税金を原資とする中小企業対策用予算が計上されてきたのである。新たな中小企業対応の施策の実施のたびにその対応要員の人件費が計上され続けてきている。中小企業庁の外郭団体や県ごとにある中小企業対策の諸組織，そして外部コンサルタント企業群がそれに関わるお金で潤っているのである。

　なぜ，このようなことを書いたかの理由は1節図表序-2で説明した『政府の効率性』の問題の具体的な内容であることで，中小企業自身が，意味がない補助金制度と指摘してもそれを止めることすらできないのである。毎年，中小企業の支援を口実にして自らが不要業務を遂行し，税金を無駄遣いしているからである。

6.2　補助金を活用する側の中小製造企業はどう考えているか

　筆者が2014年11月に調査報告した内容を紹介したい。6.1項の問題認識から，[4]で中小企業を支援する ① 中小企業基本法・中小企業支援法・下請法と ② 支援組織と ③ ベンチャー企業と既存企業の支援の在り方について全国の中小製造業1352社にアンケートを行った。その結果が図表序-10である。なお，回答企業を2つに分類した。1つは同業他社と較べ技術水準が高く過去に外部機関から賞を受賞している企業群（37％）と技術水準が同業他社と変わらない水準である企業群（63％）についてまとめた。以下，各項目別に考察する。

　1項目と2項目は中小企業に関する法律と中小企業庁が頂点とする全国組織による各種支援についてであるが，「必要である」が95％内外の数字であり，中小製造業にとって必要との認識である。

　3項目から6項目目までは中小製造企業が必要とするであろう各種サービス事業について聞いている。これについては下記の順番で必要性を感じている。

④ 工業試験場などの技術支援 ＞ ⑥ 産学官連携 ＞ ③ イベント開催 ＞ ⑤ 懇親

　上記から言えることは，4項目と6項目は技術支援である。またそれに続く3項目は産業展示会や取引先とのマッチングなど実利中心のイベント企画の実施である。これらは皆，中小製造業単独で行うことが困難であり，県単位や経産省などに主催してもらうことで，参加型対応が可能である。

　以前，地域別商工会議所は中小企業の経営者のたまり場として情報交換や懇親の場として行われてきたが，今日，その目的はインターネットなどで十分な情報が収集できるようになったことから，その役割が下がりつつあるようである。

　7項目から9項目まではベンチャー企業と既存企業とのどちらを支援するこ

図表序-10　中小企業の各種法律・支援・運営について

内　容	技術水準	はい
1.　中小企業基本法・支援法・下請法は必要か	高い	97%
	並み	98%
2.　中小企業庁を頂点とする全国組織は必要か	高い	93%
	並み	95%
3.　県単位の支援組織による PR やイベントは必要か	高い	91%
	並み	83%
4.　県単位の工業試験場など技術支援は必要か	高い	93%
	並み	94%
5.　地域別商工会議所などの情報提供や親睦は必要か	高い	66%
	並み	62%
6.　経産省が推薦する産学官連携（大学）は必要か	高い	87%
	並み	86%
7.　ベンチャー企業の起業支援制度の充実は必要か	高い	65%
	並み	71%
8.　既存企業を保護する施策は必要か	高い	29%
	並み	58%
9.　ベンチャー企業施策こそ必要か	高い	32%
	並み	41%
10.　企業保護をする自体が中小企業の弱体化をまねくか	高い	37%
	並み	33%

出所：筆者アンケート調査結果［4］より抜粋

とが望ましいかの問いであった。回答企業がすべて既存の中小製造企業であっ
たことから 7 項目でベンチャー企業の起業支援制度の理解を示すものの技術水
準が並みの企業群では，

既存企業保護を優先　＞　ベンチャー企業支援を優先

であったが，技術水準の高い企業群では両企業ともに優勢程度は同じでかつ
低い数字であった。

アンケート結果から言えることは，補助金を申請する場合には経営者自らが
熟考を重ね計画し補助金の申請作業を行うことが大切である。中小製造企業の

経営者は，外部コンサルタント企業の支援を受けることは決してしてはいけないのである。また，多くの補助金はその申請時の条件として大企業の支援を得ることが条件の場合が多く存在する。また設備の投資を伴う案件が優先されることもあり，十分な熟考をすることを希望する。

7　今，まずしなければならないことは何か

　この命題の回答は企業経営者が今一度『自社ビジョンを確認する』ことである。しかし　これが思うほど簡単ではないのである。その理由から整理してみたい。

　日本人は明治維新以来，欧米のやり方を学び，その学びからより優れたモノへと『深化』させるアプローチを長く実践してきた。一方欧米人は自ら新たなモノを新たに改革・開拓していく能力に優れ，優れたモノを生み出し『進化』させるアプローチを長く実践してきた。この『深化』と『進化』の違いを別な言い方をすると前者（日本人）は実証的分析をして帰納法（事例検討→回答を解く）を実践し，後者（欧米人）は超越的原理から演繹法（法則を作る→事例検討→回答を解く）を実践してきた。

7.1　本書が参考にした 2 つの図書紹介

　ご承知の通り，今日，欧米人が生み出す新技術（情報技術・宇宙技術・バイオ技術ほか）や新システム（サーキュラーエコノミー・デジタルトランスフォーメーションほか）は，誕生した時点のコンセプトが斬新で，日本人には真似られないような気がしている。

　「このままで良いのだろうか？」の素朴な疑問にいくつかのヒントを見つけ出した。その 1 つ目は，楠木健（2010 年）[5] の『ストーリーとしての競争戦略』である。第 6 章でさらに詳細を述べるが，勉強した競争戦略からいくら『分析』をしてもユニークな回答は得られない。そこで『分析』の中に『統合』を加えることで欧米人の思想に近づけようとする試みである。これを楠木は『流れと動きを持ったストーリーを描け』という。本書ではさらに進めて『分析と統合』を同一レベルで存在させ，まったくユニークな回答を求めよう

図表序-11　コリンズ・ポラス式ビジョンの枠組み

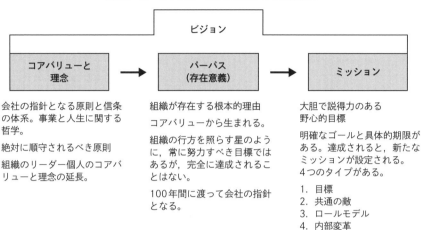

出所：［7］の第 4 章の図 4-2 を引用

と試みている。この考え方の導入は本章 9 節で説明する。

　2 つ目は，コリンズら（1995 年）［6］の『ビジョナリーカンパニー』である。少し古い文献ではあるが，コリンズら（2021 年）［7］の『ビジョナリーカンパニー Zero』が新たに発刊されたところである。

　世界中で，長期間企業経営で成功している 18 社を選び，その企業の成功の源は何かを解き明かしたのである。その結論は『持続的な基本理念があること』と『進歩を促す大胆で説得力のある野心的目標があること』であった。この 2 つのキーワードから『優れたビジョン作り』が企業にとって重要としている。

7.2　コリンズら［7］の『ビジョナリーカンパニー Zero』の結論

　ビジョンを策定するのはどうするかであるが，図表序-11 に示す。

　①コアバリューと理念，②パーパス，③ミッションの 3 つを明らかにすることでビジョンが完成するのである。このビジョンを設定するメリットは 4 つあるとしている［7］。

　1）通常では考えられないほどの努力を引き出せる。

2）戦略的・戦術的判断を下すコンテンツ（文脈）となる。

3）一体感，チームワーク，運命共同体を生み出す。

4）企業成長過程で，一握りの中心人物に依存しない基盤をつくる。

上記の4つが実現できるように策定することが肝要である。

7.3　中小製造企業の経営者には7.2を策定できるのか？

　7節のテーマである「今，まずしなければならないことは何か」であるが，欧米人には親しみやすい『ビジョン設定』であるが，「日本人に馴染むのであろうか？」　なかなか難しいのである。

　筆者らはこう考えた。中堅・中小製造企業は ① 組織規模が小さいこと，② 社長さんが全体を常時見渡せること（全員の日々の行動を把握可能7)），③ 社長さんが即座に意思決定できること，④ 社長さんが即指令を出せること，⑤ 結果をすぐ把握しその対処法を決断できることが上げられ，大企業ではなかなかできないが，中小企業であるがゆえに可能と見たのである。大企業を大型タンカー船に例えれば，急発進・急停車・急旋回できないのである。中小製造企業であるがゆえに，大企業の鈍いフットワークではなく，緻密な行動が可能と思われる。

7.4　わかりやすく説明するための図解と解説

　図表序-12 が図表序-11 コリンズ・ポラス式ビジョンの枠組みを日本人向けにまとめ直したイラスト画である。社長さんマークが出てきたので要チェックの図表である。

　本図表は右上の『志（ビジョン）』を実現するために左下の『使命（ミッション）』を明確化するということである。そのために企業組織が存在する根本的理由（『意図（パーパス）』）と企業の指針となる原則や信条の体系化（『価値観（バリュー）』）を明らかにしながら，『理念（アイデア）』を固めた上で，『志と使命』の納得性を確認するのである。ここで「明確化」とか「固める」

7　某シンクタンクの報告では，有能なトップが把握できる最大人数は 500 名と考えられるとしている。ここで把握内容は，仕事の出来不出来だけでなく，日常の健康状態や精神状態や人間関係までを含むとしている。

図表序-12　明確なビジョン（志）を決定するための枠組み

出所：https://vision-cash.com/keiei/vision-mission-values/を基に筆者変更

とか「納得性を確認」とある。これがより明確に文章化されていれば，それだけその企業に所属する社員やまたその企業と取引のある企業（仕入れ側もお客側も）が，その企業体との関りの在り方を明確にでき，その企業との関係性がより密度の濃いものとなるのである。

　イーロン・マスク氏はご存じの通り，スペース X 社とテスラー社と Twitter 社（2023 年 7 月以降社名 X 社へ）の経営責任者であり超大富豪である。

　筆者はマスク氏が創造的経営をし続けていると思っている。その理由は例えば，20 歳代で『PayPay 社』と関わり，まだだれも挑戦していなかった『金融システムを統合』をミッションに掲げ，その後 30 歳で eBay 社に 1800 億円で売却し，それが本格的な事業家としてのスタートになっている。『テスラー社』では『エネルギー問題解決策は EV 車』，『スペース X 社』では『地球外居住地の確保ビジネス』と全く新たな創造的コンセプトを掲げ，これが，図表序-12 の使命（ミッション）である。その実現に邁進したのである。その過程

で現存する企業や現存する社会（国家や金融業界ほか）から猛烈なバッシングを受けながら突破して来ている。この①独創的創造力，②図抜けた行動力，③強靭な精神力が彼を今日，世界のモノづくりの頂点企業の経営者に伸し上がったのである。さて，2022年10月買収したばかりのTwitter社で，早速7500名の社員の半分を解雇したのである。また，リモートワークで仕事をしている社員に全日，企業に出社するように促したのである。また就業時間も日本で言われるブラック企業並みの拘束時間を要求し，それに従えない者は「出社に及ばず」とし，解雇するとの方針である。これが図表序-12の価値観（バリュー）の提示である。

　日本では松下幸之助氏（パナソニック）や井深大氏（ソニー）や稲盛和夫氏（京セラ）など自身が起業した企業を健全に成長させるために自らが打ち立てた経営哲学[8]を社員に日常的に浸透させたと聞く。これなどは図表序-12のどこをどのようにしたかを読者である経営者自身が確認し，各自の志（ビジョン）を明らかにしてほしい。なお第6章では，経営者が図表序-12を社員やステークホルダーにどのように明文化するかについて記述した。

7.5　企業の経営者が学ぶべきセオリーが書かれている図書紹介

　日本では多くの経営に関する図書が出版され，出版社の宣伝も，うまいことから社会で働く多くの人々が読み漁り，自分の仕事に活用できないかと思うのであるが，なかなか活用はできずに終わることが多い。筆者も58歳まで企業戦士で頑張っていたが，その繰り返しであったように思える。ここで紹介する2冊の図書は，本書をまとめた研究会メンバーが輪講形式で学んだ図書で，その内容は他の図書にはない新たな示唆に富んだ内容である。そこで，図書の表紙の帯に記載の図書要約文をそのまま掲載する。興味があったら読まれることを推奨したい。

楠木健著『ストーリーとしての競争戦略』東洋経済新報社 [5]

　この本のメッセージを一言でいえば，優れた戦略とは思わず人に話したくな

8　松下氏は『水道哲学』，井深氏は『説得工学』，稲盛氏は『アメーバ経営』である。

るような面白いストーリーだ，ということです。戦略を構成する要素がかみ合って，全体としてゴールに向かって動いていくイメージが動画のように見えてくる。全体の動きと流れが生き生きと浮かび上がってくる。これが「ストーリーがある」ということです。流れを持ったストーリーというその本質からして，戦略はある程度「長い話」でなくてはなりません。ここでお話ししたいのは，競争戦略を「ストーリーづくり」として理解する視点と，その背景にある論理です。ストーリーという視点に立てば，競争戦略についてこれまでと違った景色が見えてくるはずです。

➡ここで経営者（読者）が学ぶべきことは，図表序-12 の個々の内容（ビジョンほか）は型通りのお決まり内容では駄目で，長文になっても皆（社員やステークホルダー）が理解できる内容でなければならないということである。

コリンズら著『ビジョナリーカンパニー ZERO』日経 BP [7]

・偉大な企業という目的地があるわけではない。ひたすら成長と改善を重ねていく，長く困難で苦しい道のりだ。高みに上がり詰めると，新たな課題，リスク，冒険，さらに高い基準を探す。

・企業が追跡すべきもっとも重要な指標は，売上高や利益，資本収益率やキャッシュフローではない。バスの重要な座席のうち，そこにふさわしい人材で埋まっている割合だ。適切な人材を確保できるかにすべてがかかっている。

・起業家の成功は基本的に「何をするか」ではなく「何者であるか」によって決まる。

・真のリーダーシップとは，従わない自由があるにもかかわらず，人が付いてくることだ。

・重要ポストにいる人物を交代させると決めたら，「厳格であれ，非情になるな」と自らに言い聞かせてほしい。勇気と人情味を併せ持つことが必要だ。

・失敗についてどう考えるべきか。成功というコインの裏側は失敗ではなく，成長だという考えに至った。

➡ここで経営者（読者）が学ぶべきことは，図表序-12 で真ん中の棒グラフで示す通り，企業の成長を継続的に進めるために日々，考えながら実行してい

かなければならないのである。

8　会社をどのように持っていくかを全方位で確認を

　7節の内容は，起業したばかりの会社とか，親の後を引き継ぎ，更なる高み
を目指す経営者には必要不可欠な活動となる。むろん現経営者もビジョンを
時々見直すことが望ましいと思う。

　8節では7節の近未来のミッションを決める際，どのようなミッションを実
施していくかを見定める活動について言及したい。

　図表序-13 は，日本の中小製造企業の内，技術力が高い企業群9 に 2021 年 4
月，経営者へ実施したアンケート調査研究フレームである［8］。ここでは左側
の 3 パターンの企業群に分け分析した。

従属的下請企業（A）：親企業から受注することで成り立ち価格交渉は従属的
　　　　　　　　　　　で親企業主導で行われる。

自立型下請企業（B）：受注形態は従属的下請企業と同じだが，価格交渉力は

図表序-13　経営者が考える近未来の事業発展の方向性

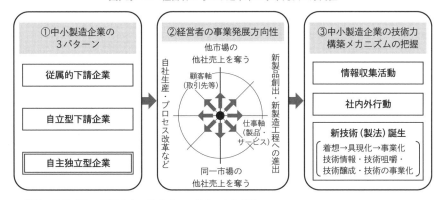

出所：筆者［8］の研究大会の発表パワーポイントを引用

9　①経産省の高度化支援事業研究開発費を取得した企業群，②日本発明協会で表彰を受けた斬新な
　技術製品を誕生させた企業群，③各地域で技術力が評価されノミネートされた企業 890 社へのアン
　ケート調査したのである。なお，ここに示す内容は製造業に絞り集計している。

有している。

自主独立型中小企業（C）：自前で企画・開発を行うとともに親企業は存在せ
　　　　　　　　　　　　ず，価格を自由に設定できる。

　従属的下請企業（A）と自主独立型中小企業（C）では多くの質問で真逆の
結果が得られた。例えば，① 取引先からの最も信頼されている理由は前者が
納期・価格であるのに対し，後者は品質・提案である。また技術向上の促進に
役立ったことは，前者が親企業指導，後者は専門分野企業となっている。詳細
は第6章に譲るが，下請企業では親企業への依存度が極めて高いことがわかっ
た。また87項目の設問の最後で，図表序-13の真ん中の図を示し，社長さん
が現時点で真ん中の黒丸にいるとし，縦横軸のどの方向をめざそうとしている
かを主力事業に対して記載してもらった。マップの横軸は仕事軸（製品・サー
ビス）で，縦軸は顧客軸（取引先等）である。横軸の右側に進むほど『新製品
創出・新製造工程への進出』を意味し，左側に進むほど『自社生産・生産プロ
セス革新』を意味する。また縦軸の上側に進むほど『他市場の他社売上を奪
う』を意味し，下側に進むほど『同一市場で他社売上を奪う』を意味してい
る。このような条件下で，社長さんが今後どの方向をめざすかを複数選択して
もらった。その結果は，従属的下請企業（A）は図の左半分の方向，自立型下
請企業（B）は図の右半分の方向に集中し，自主独立型中小企業（C）は，本
図表序-13の真ん中に示すように全方位にばらばらであった。本アンケート回
答企業への個別のインタビュー調査ができていないため断言できないが，従属
的下請企業（A）は親企業を気にしながらの対応であり，自立型下請企業（B）
は価格競争力が付いて技術力で競合他社との差別化ができ始めたことから逆に
右半分になったものと想定される。自主独立型中小企業（C）は，自社の方針
次第（経営者（社長さん）の考え方次第）で変わるため各社の業態で全方位に
なったものと想定される。

　7節で社長さんがビジョンを明確にすることが大切と記した。本アンケート
設問で「仕事（製品・サービス）づくりの立役者は」の質問では，従属的下請
企業（A）の社長さんは社員の頑張り（50％）と時代要請で幸運（33％）が高
い値であったのに対し，自主独立型中小企業（C）の社長さんは社長さん（ご
自身）の創造知（83％）が群を抜いて高く，時代要請で幸運は僅か13％であっ

た。前者（A）が『**市場適応型**』で，後者（C）が『**市場創造型**』である。

9　もはや過去を遡ることは意味がない

　7節の冒頭で，明治維新以来，日本人は実証的分析をして帰納法（事例検討
→回答を解く）を実践してきたと記した。昔から問題や課題が生まれるとまず
その対象を『**分析**』することから開始した[10]。

　本節のテーマ「もはや過去を遡らない」の意味は単刀直入に言うと『**分析**』
から入る課題解決活動を止め，『**分析と統合**』から行う課題解決活動にして行
こうということである。

　まず図表序-14の課題解決手順を見ていただきたい。左側図は日本の小集団
活動で，例えば，QCの7つ道具と称する問題箇所の発見手順（分析）を行っ
て，その後問題箇所を改善する方法を考えるのである。これは問題発生による
クレーム費用の削減，すなわち失った利益（固定費の削減）を目的とした活動
であった。目的達成にまっしぐらの活動として有効であった。真ん中の従来の
課題解決活動とは，課題責任者が課題解決の方向性を明示するのではなく，実

図表序-14　課題解決手順のいろいろ

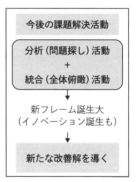

出所：筆者［9］の発表パワーポイントを一部修正

10　ワークデザイン法を創始したジェラルド・ナドラーは，この日本企業の課題解決アプローチを「分
　析に多くの時間をかけ，本来やるべき課題解決策を生み出す創造活動時間をかけていない。これが
　問題だ」と指摘されていた。

図表序-15　分析と統合の相違の説明

出所：筆者作成（[9] 櫻井の発表用パワーポイントを引用）

際に課題を発見し解決をする立場の人々（社員）が課題を 5W2H の観点で捉えた上で課題の解決目標を自ら設定し[11]，その後，問題箇所に改善活動を実施した。日本の小集団活動と従来の課題解決活動は問題箇所の修復をすることが解決策であるため別の表現をすれば『1 つの部分改善案を導く』ことが最終解決案であったと言える。

　次にこれから説明する『統合』の概念について『分析』と『統合』を比較しながら図表序-15 で説明する。ここではわかりやすくするために分析と統合の前にデータという言葉を付けている。左図は穴をあけない球形のツイストドーナツで課題開始前がスタート課題で課題解決後がエンド解決である。解決後，外形形状は変わらず課題解決開始時に問題箇所を発見するためにいわゆるデカルト思考を活用しドーナツを細分化し薄い灰色の三角に問題ありとわかる。そこで濃い灰色の三角にすれば解決するとわかり，課題解決はその濃い灰色三角に差し換えるのである。一方，統合は解決前がスタート課題のツイストドーナ

11　これを日本ではボトムアップアプローチと称する。なお野中郁二郎教授は上位管理者とのすり合わせがあるとし，これをトップ・ボトムアップアプローチと称した。

ツであるが，課題解決後がエンド解決のリングドーナツとなっている。形状が変わったのである。その理由は課題解決時にすぐさまデカルト思考で問題箇所の発見のための分析アプローチをするのではなく，まず課題解決前にその課題に隣接する情報を収集し，すぐさま解決を必要としている課題の現状を把握するだけではなく，課題を含めより大きく，より新たな全体として捉えた上で，課題解決行動をするのである。この図では楕円，円，四角が新たな課題解決のエンド解決のリングドーナツの中に組み入れられたのである。更なる詳細は第6章で説明する。

　ここで，1つ前の図表序-14の右側の図を見ていただきたい。今後の課題解決活動と記載してある。活動当初から課題解決テーマにすぐ焦点を当てるのではなく，全体俯瞰できる周辺の情報や類似の課題解決テーマを調べたりしてより多くの気付き（課題解決に向けたヒント）を導き出すのである。むろん従来の分析活動もすることは拒まないが，統合活動を十分行う必要がある。こうすることで新たなフレームが誕生（図表序-15の場合にはツイストドーナツがリングドーナツに変わった）して，新たな改善解が導かれるのである。

10　中堅・中小製造企業の社長さん，あなたが主役の時代がきた

　本節が本章の最後になるが，ここまで説明してきたことを実践する結果について言及したい。まず，5節から9節までで，是非今後取り組んでいただきたいことを簡単に説明した。詳細は後の章で詳しく説明する。

・売上高経常利益率では中小企業は4社に1社以上が大企業より高い。したがって下請事業の完全撤退，自社技術力を生かした高付加価値への移行，儲からない現取引業者の業種から別の業種への移行などの実施をすること（5節）。
・国や地方自治体の補助金制度は，それを活用するならば経営者（社長さん）が自ら計画し申請すること（6節）。
・自社のビジョンを明確にし，その内容を社員やステークホルダーにわかりやすく周知すること（7節）。
・5節や7節を実践した上ではあるが，市場適応型ではなく市場創造型をめざす経営が求められること（8節）。

図表序-16　中堅・中小製造企業の経営者（社長さん）の役割

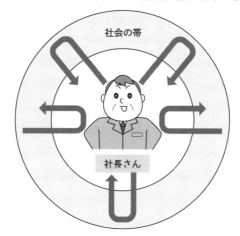

出所：筆者作成

　・課題解決は「分析」ではなく「分析と統合」を行い，新たなフレームの改
　　善解が導けること（9 節）。
と述べてきた。
　また 1 節から 3 節までで日本経済の停滞 30 年の実情説明（1 節），そして，
1989 年年末から 4〜6 年続いたバブル経済崩壊で地価や株価が 1/2 になったこ
と（2 節），経営者（社長さん）は今こそ無責任な発言しかしない人々からの
情報を無視すること（3 節）を客観的データを基に説明した。
　今の日本を救えるのは，現在の日本の GDP を支えている中小製造企業であ
り，その企業はイノベーションを実現できるポテンシャルがあり日本の再興に
貢献できると説明した（4 節）。
　以上のことから図表序-16 を見ていただきたい。
　従来，日本では明治維新以降国家（現経産省など）が指導する形で，大企業
が日本経済を牽引し，中小企業はその下請として従属的関係で成り立つとし，
大企業の意思決定が基で，補助金の審査結果も決まっていたように思われる。
ところが 1989 年度末から始まったバブル崩壊で日本の大企業は壊滅的打撃を
受けた。幸い，現在日本の中小製造業はその大企業よりも売上高経常利益率が
高い事業者が約 1/4 以上あり，その事業所がこれからの日本を発展させていく

原動力になると確信している。

　そのようなことをイメージすると，以下のことが今後中堅・中小製造企業の経営者（社長さん）に求められる。その様相を示したのが図表序-16である。

　ここで申したいことは，従来のワンウエー（親企業から下請企業）の関係では日本は発展しない。中堅・中小製造企業の経営者（社長さん）が自ら社会に新たな事業や新たな社会貢献行動をしかけてほしいのである。またその行動は単発で行うのではなく，相互のツーウエー（自社からの発信と他社からの受信）により多重方向からの情報のやり取りとそれに付随して行われるビジネス行動による物品やサービスの流れを多重化していくことが求められる。その結果，情報の起点が中堅・中小製造業に集中し，その結果，情報量の拡大とビジネスチャンスの拡大が図られ，従来停滞を余儀なくされていた大企業優先の仕事の流れが一掃され，明治維新以降初めて，国を豊かにする民（中堅・中小製造業の経営者（社長さん））が活き活き活躍できる日本社会が実現できると思われる。その結果として日本国の活性化が図られ，日本の30年間に渡る停滞が反転するもとと確信する。

（執筆　櫻井敬三）

参考文献

[1] NHKスペシャル『東京ブラックホール　1989年─90バブル狂乱へ』2022年5月1日放送
[2] 櫻井敬三（2019年）『イノベーション創成の研究開発マネジメント』文真堂，pp.159-165
[3] Ezra F. Vogel（1979）"Japan as Number One：Lessons for America" Harvard Business School Publishing Corporation
　　広中・木本訳（1979年）『ジャパン アズ ナンバーワン　─アメリカへの教訓─』TBSブリタニカ
[4] 櫻井敬三（2014年）『中小製造企業の独自の競争力獲得と製品化過程に関する調査報告書』日本経済大学大学院価値創造型企業支援研究所，pp.23-24
[5] 楠木健（2010年）『ストーリーとしての競争戦略』東洋経済新報社
[6] James C Collins＆Jerry I Porras（1994）"Built to Last" Curtis Brown Ltd in New York
　　山岡洋一訳（1995年）『ビジョナリーカンパニー』日経BP出版センター　pp.118-129, p.188, p.191
[7] James C Collins＆William C Lazier（2020）"BE 2.0（Beyond Entrepreneurship 2.0）：Turning Your Business into an Enduring Great Company" Pretice hall Press
　　土方奈美訳（2021年）『ビジョナリーカンパニー Zero』日経BPマーケティング p.163, pp.175-176
[8] 櫻井敬三（2021年）「日本の中小製造企業の立ち位置別行動相違分析」日本創造学会第43回研究大会予稿集 pp.106-109
[9] 櫻井敬三（2022年）「創造的課題解決は分析と統合の両方が必要」日本創造学会第44回研究大会予稿集 pp.170-173

第1章
何が問題で，何をどうすべきか

　序章では少し言葉足らずで，駆け足の説明をしてきた。本章では付録に記載の全体討議(1)・(2)・(3)の 9 つのキーワードを中心に何をどのようにすることが日本を救うのかを詰めていった。その結論が本章の図表 1-1 である。その目的は現状の日本を如何にしていくべきかの大命題への回答であり，その担い手であると思われる日本の中小製造企業の経営者（社長さん）の皆さん方がまず取り組むべき項目を抽出した。

　本書では，図表 1-1 の A・B・C・D の領域ごとに，それぞれ第 2 章・第 3 章・第 4 章・第 5 章でその詳細内容を述べる。本章では，その前に第 6 章も含め，各章の内容の肝となる内容を簡潔に述べ，各章では触れていないことで重要なことをまとめている。

　第 2 章（A）では，受注生産が合理的選択との認識の基，情報技術の発展をうまく活用せよと進言した。その実施のためのビジョン作りで重要なことは Value ＝Worth/Cost 式で右辺を「差別化」と「標準化」の両面で Value（企業価値）を捉えることが重要であると述べた。

　第 3 章（B）では，SDGs を意識した経営により社会課題の解決を事業化することまで取り込む企業ビジョンをつくり，新たな事業をしていく中で「社会的価値創造」を実現することが大切とまとめた。今がチャンスとも述べた。その理由は大企業で 50 ％，中小企業で 15 ％しか SDGs 経営を実施していないからである。

　第 4 章（C）では，真のパートナーシップで生産するにはどうすべきかを考える前に，過去 100 年間，大企業が下請中小企業に対しどのように対応して来たかを検証した。その結果から不誠実であったとの認識に至った。そこで下請中小企業が一部の不誠実な大企業と訣別すべきと主張した。その実施のために他社の物真似ではなく，自社に合った施策を立案実施せよと述べた。

　第 5 章（D）では，高付加価値化を実現するにはアレックスの価値提案設計を実施することを提唱した。そのため顧客価値を「顧客ニーズの満足」と捉えてことに当たることの重要さを述べた。

　第 6 章では，画期的は革新の進め方を実現するためにはビジョン策定と方針決定を同時に一気に行うことを進言した。そのためには今までの分析アプローチだけでは駄目で統合アプローチを実施してイノベーションを創出することが大切と述べた。

1　イノベーションを創出するためにまずすべきことは何か

1.1　これだけは，まずしなければ始まらない

　序章では少し言葉足らずで，駆け足の説明をしてきた。本章では付録に記載の全体討議(1)・(2)・(3)の9つのキーワードを中心に過去40回に渡る研究会会合の中でメンバー各位が発言された重要なコメントを短冊に書き直し，その短冊を並べ替えながら，何をどのようにすることが日本を救うのかを詰めていった。その方法はリアルではなく，パソコン上で短冊を移動させながら，「多少の論理矛盾はよし」とした上で頭の整理をしながら集約していった。その結論が図表1-1である。この図表1-1の目的は言うまでもなく，① 現状の日本を如何にしていくべきかの大命題への回答であり，次の担い手であると思われる ② 日本の中小製造企業の経営者（社長さん）の皆様方がまず取り組むべき項目の抽出であった。

　図表1-1について説明する。図の中心の黒丸部は現在（例えば2022年暮れ）を表し，各社各様で異なるのであるが，筆者の意図としては，現企業の置

図表 1-1　日本を救うために今中小製造企業は何をすべきか

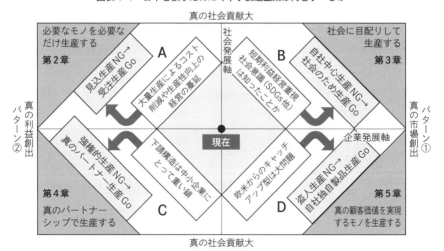

出所：筆者作成

かれている現状をイメージしている。さて横軸は企業発展軸で右側に行くほど新たな市場創出をイメージし，左側に行くほど新たな利益創出をイメージしている。図表1-1では両方とも『真の』と書いてあるが，実は企業発展軸は，右側と左側の両方の側面を持った課題解決のための施策が大半で，2つを割いて論じることは通常あり得ないのである。しかし，ここではあえて2つのキーワードを八つ裂きにして鮮明化したのであると解釈いただきたい。

　次に縦軸であるが社会発展軸である。今日，企業体は企業発展と同時に社会発展，言い換えれば社会貢献も同時に叶えることが要求されている。そこで，上でも下でも進むごとに社会貢献が高くなるイメージである。なお，各四隅は『○○生産する』と記載してある。これは実は生産だけでなく，研究開発から販売，さらにアフターサービスやメンテナンスまでのすべてが対象であるが，スペースもないことから，生産という言葉で代表していると解釈していただきたい。

（A領域について）

　AからDまで順に説明する。まずA領域であるが，ご承知の通り現代社会では『大量生産大量消費が当たり前化』し，企業でも沢山作り，沢山売ることが企業の繁栄の源であるとまで信じられ今日に至っている。松下幸之助氏の水道哲学などもこの範疇であった。しかし，これでは一企業では自己完結らしき動きは作れるが，世界規模や持続的社会まで視野に入れると問題があることに人間はやっと気づいたのである。我々メンバーの論議でも業種業態（単体，サービス，エンジニアリングサービス，ソリューションサービス，BTOサービス）が変わっても，皆『大量生産によるコスト削減や生産性向上の経営』の蔓延を懸念し対応に追われてきていることを確認できた。要は『見込生産NGで受注生産Goへ』動き出していると認識できたのである。A領域の左上隅の**『必要なモノを必要なだけ生産』**は今後の企業経営のトレンドと確認できる。この内容は第2章で詳細を述べる。

（B領域について）

　次にB領域であるが，グローバル化した社会では『短期利益経営重視』を前面に掲げる経営スタイルが美徳でトレンドであるという風潮が少なくとも日本においてもバブル崩壊直前までは散見された。口に出さずとも『社会意識

（SDGs など）は知ったことか』の風潮がまん延していたのである。この風潮を打ち破る動きは最も継続的経営に敏感に反応（要はこのままでは事業が継続できないとの危機意識）を示したのが自動車業界であった。表向きの建前だったのかも知れないが，CASE と称し Connected（コネクティッド），Autonomous/Automated（自動化），Shared（シェアリング），Electric（電動化）といった新しい領域で技術革新を進める中，クルマの概念そのものを変えることを模索し出した。これは単体のクルマの利便性と同業他社との競争に明け暮れていた姿勢から社会を意識し出した兆候とみることができよう。要は『自社中心生産 NG で社会のための生産 Go へ』動き出していると認識できたのである。B 領域の右上隅の『**社会に目配りして生産**』は今後の真の市場創出の切掛けと確認できる。この内容は第 3 章で詳細を述べる。

（C 領域について）

　次に C 領域であるが，日本においては特に戦間期以降国家が指導する形で大企業配下に中小企業群を配し国家指令で大企業以下の民間企業群をコントロールしていく体制が取られてきた。これを下請企業構造と呼び，各業界のトップ企業は，技術力は無論，生産力・販売力もすべて束ねることで欧米列強のグローバル企業との闘いに勝つ戦略が取られた。これにより確かに日本が輸出競争力のある時期までは国家として見かけ上は効率的システムとして『大企業＝親企業』と『中小企業＝下請企業』間の関係性は，円滑に運営されてきた。その下支えとして経産省配下の中小企業庁などが補助金制度などでその連携の橋渡しをしていたと読み解くことができる。ところが 30 年前からのバブル崩壊を期に大企業は製造コストの安い海外進出を実行し，また日本の下請会社（中小企業）にも海外進出を促した。日本では，この下請企業構造は一部の産業にとどまらず多くの産業で実施された。その結果大企業は仕事を取ってくる仕事請負人となり，下請の中小企業はその実際の作業を分担してきた。その結果として大企業は実作業内容を把握することすらできなくなっている。輸送・電機・精密などの製造業種は無論，建設・IT・広告宣伝・コンサルティングなどありとあらゆる業種で多重の階層を持つ下請企業構造化が浸透してしまった。その結果，実作業をする中小企業に落ちるお金は少なく，最上位に君臨する大企業のみが膨大な富を得る構図が完成した。言葉では『下請企業構造

は中小企業にとって重い鎖』と言われ続けてきたのだが，国や大企業はその構造を壊すことはなく，下請中小企業自らが大企業との取引を止める決断をすることでしか縁切りができないのが実情である。なお，その絆を切ることは並大抵のことではなかった[1]。国家を上げて下請企業構造を是認してきた社会では『下請企業構造は中小企業にとって重い鎖』は聞き流され通してきた。その理由は，もし全面的に下請企業間取引が禁止となると，それに載っていた大企業は実際の作業のノーハウがないことから即廃業をせざるを得なくなるからであろう。本研究会では，世界で最もクルマを売っているトヨタ自動車との取引をしている企業から「厳しい指導，ベストな設計変更があり，結局費用が掛かる」とのコメントがあった。我々は，トヨタウエーのやり方が気に入らないのではなく，それについていけない，いきたくない企業は同業他社か別業種企業と取引をすればいいはずで，その行動を国内でも取れるようにしたいと考えるのだが間違いだろうか。要は『強権的生産 NG で真のパートナー生産 Go へ』動き出すべきであると認識するのである。C 領域の左下隅の **『真のパートナーシップで生産』** は今後の真の市場創出の切掛けと確認できる。この内容は第4章で詳細を述べる。

（D 領域について）

　最後に D 領域であるが，ご承知の通り，日本では明治維新以降『欧米から学べ』を合言葉に，とにかく制度は無論，日常使う製品や便利なサービスをコピー，すなわち『真似る』から始めてきた。その習性は今でも同様である。同業他社の製品を買って来てティアダウンと称し，コスト削減につながる製法や形状を真似し，またベンチマーキングと称し，業種の違う企業を訪問しその良いところを見習う。すなわち『真似る』のである。したがって，自社のオリジナリティは全くないケースが多い。そう書くと怒る経営者もおられると思う。確かに技術のある海外企業と技術提携契約をしてロイアリティーを支払って，設計図面や設計仕様書を入手し製造に徹している企業もあろう。また海外から

1　海外進出した中小企業の中には，自社の国内における親会社のライバル海外企業からの仕事依頼が来ることも多くなった。日本国内では，下請企業からの離脱行動をすると，国内市場での取引で不利になる等の妨害行為を受けたが，さすがに海外まではそのような影響はなく，結局海外企業との取引継続でよりよい方向にいく中小企業も現れた。

現物を買ってきて特許に触れない部分の範疇でコピーしている企業も散見する。中国等を，日本の真似ばかりすると非難する前に自国の状況を見直してほしい。日本では家電品のユニークな製品が生まれない。大抵 EU や米国企業が発売した製品のコピー製品が多い。それを行っている企業に聞くと，海外で売れている製品ならリスクは低いというのである[2]。明治維新後 150 余年以上も『欧米からのキャッチアップ型は大問題』とは思いませんか。私たちの討議では，『日本の製造業は製造の前段階の開発や設計からのマネジメントが必要である』が話題になった。本内容は，『出来上がっているモノを安く上手に作るだけでは駄目で，自ら開発や設計から手掛けるべきである』との教訓である。自ら最初から手掛けて初めて真の製造者になれるのである。要は『盗人生産NG で自社独自製品生産 Go へ』動き出すべきだと思うのである。D 領域の右下隅の**『真の顧客価値を実現するモノを生産』**は今後の真の市場創出の切掛けと確認できる。この内容は第 5 章で詳細を述べる。

　図表 1-2 は製造業がまず実施する必要がある項目である。すでにそうなっていれば，そのままでかまわないが，本当にそうなっているかを再度確認してほ

図表 1-2 まずすべきことのまとめ

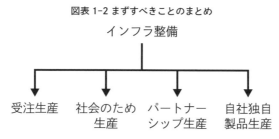

出所：筆者作成

2　筆者は今から 15 年ほど前に，東京工業大学の産学連携推進本部に 1 年間在籍した。そこでは機械系と原子力系の教員から申請のあった特許内容が取得可能かをチェックする役回りであった。そこで知ったのだが，某化学系企業の技術者が大学教員の研究室で先生と雑談していると，その 1 週間後には，その会社の技術者名で特許申請がなされていたのである。また，私が関わった案件では大学教員の考えた折り紙構造の製作を某中小企業で作って実験できたとの報を受け，自動車会社のエンジニアがその業者へ訪問し作り方のノウハウを盗みに来たのである。その案件は大学教員とその業者との製造に関する共同特許出願であり，その工程作業を直ちに隠し，事なきを得たのであるが，工場内作業は外部に見えないことからその製法をタダ取りするという悪質なものであった。日本を代表する複数の自動車会社であった。

しい。またB領域やD領域では，本当に社会のためになっているか，独自製品での生産かを見極めることが大切である。またすぐに変更できない場合には，いつまでにどの水準まで実行できるかを明らかにし，最終ゴールは3カ月から6カ月以内としたい。

1.2　イノベーションを実施できる前提条件は他にあるか

　画期的なイノベーションを実現するためには，その準備として，そもそも企業の進むべきビジョンがあることが大前提である。まったく進むべき道もなく，無鉄砲に進軍しても意味がないことは，だれが考えてもわかることである。そのためにはコリンズら図書（1995年）を引用したい。図表1-3がそれに当たる。真ん中の円の中の文章がそれである。『基本理念を維持する』⇒『企業の進むべき道程』である。またその基本理念をめざし『進歩を促す』⇒『イノベーションを連続的に生み出し続ける』努力もまた必要である。

　そして，そのビジョンを策定するのは経営者（社長さん）であることはいう

図表 1-3 企業道程とイノベーション

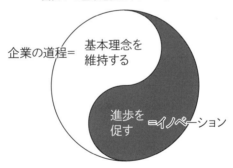

企業の道程＝基本理念を維持する

進歩を促す＝イノベーション

出所：筆者作成（円の内部文章はコリンズらによる）

図表 1-4　ビジョン策定は社長さんの仕事

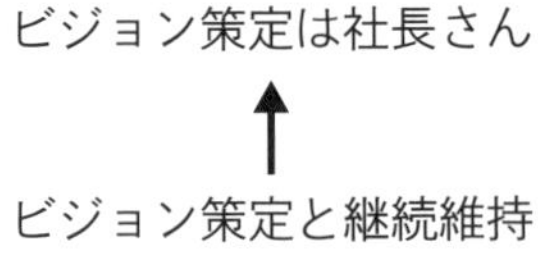

ビジョン策定は社長さん

↑

ビジョン策定と継続維持

出所：筆者作成

までもないことである。

　なお，図表1-2〜1-4を合成したのが，後出の図表6-1である。

2　受注生産が合理的選択（必要なモノを必要なだけ生産する）

2.1　受注生産のメリットとその実現には情報技術を活用せよ

　主題の詳細は第2章に記載されている。第2章のポイントを説明する。ま
ず，1節で説明した通りA領域では，個々の企業においては『大量生産大量
消費が当たり前化』し，沢山作り，沢山売ることが企業の繁栄の源であると信
じられてきた。しかし，人間は『世界規模で継続的社会を実現するにはこのま
までは問題がある』ことにやっと気づいたのである。『大量生産によるコスト
削減や生産性向上の経営』とは『見込み生産』が基本にある。この『見込み生
産』とは，作り過ぎによる在庫の増大，そのための準備行動としての過剰設備
投資や過剰人員を誘発し，経営資源である『ヒト・モノ・カネ』の増大を招
き，その結果，ムダ・ムリ・ムラを生じる最悪の管理になりかねない。そこ
で，『見込み生産』と対極にある『受注生産』がクローズアップされている。
そのために，情報技術を有効に活用し，受注生産化を実現できるのである。

　第2章では『見込み生産』から『受注生産』への移行変化とは『プロダクト
アウト型生産管理』から『マーケットイン型戦略的生産管理』への変革とまで
言い切っている。要は『見込生産NGで受注生産Goへ』動き出しているとの
認識である。図表1-1のA領域の左上隅の『**必要なモノを必要なだけ生産**』
は今後の企業経営のトレンドと確認できる。

　また第2章では，中小製造企業が，この180度真逆な変革を行うには，自社
の10年先を見据えたビジョン策定時に『IT化』や『DX化』を意識する必要
があると説いている。要はそれが世の中のトレンドであるからである。すでに
10年以上前にそのことに気づいた京都に本社のあるHILLTOP社の事例を紹
介してある。ここで重要な教訓は大量生産の下請企業時代と多品種少量生産の
自主独立型企業時代では利益率は全く異なり，前者時代は2％程度であったの
が，後者になり25％程度で10倍以上になったのである。その切掛けは，『IT
化』である。同社の現相談役で，10年前社長在任当時『量産しない，ルーチ

ン業務をしない，職人を作らない』の3つの新たなビジョンからIT化をしたのである。

　その情報化のトレンドについては，第2章の筆者藤井氏が以前所属していた日立製作所と日立市地域の情報化の仔細な動向記述を読んでほしい。その動向を理解すれば新たなIT化やDX化のビジョンづくりが今後の企業の進むべき道筋になるはずである。

2.2　ビジョン作りで押えておくべきこと

　情報化を推進する時，注意しなければならないことを下記する。わかりやすい例としてマイケル・ポーターの競争戦略理論を提示した上で説明する。ポーターは競争優位の基本戦略としての戦略的優位性に関して『差別化戦略』と『コストリーダシップ戦略』を上げた。

　図表1-5は櫻井［1］の中で，VE創始者マイルズや玉井［2］を基にまとめた『顧客が認める企業価値の最大化を図る』ための方程式を示した。この式を使い，新たな『IT化』や『DX化』を実現するために考えをめぐらす上で留意すべきことを述べたい。ここで各ワードの意味を記す。

Value：**企業価値**で，社長さんはこれを最大化することが求められる
Worth：**企業が有する値打ち**で他社との相違や社会への貢献程度
Cost：企業がプロダクトアウトする**製品やサービスに係る費用**

図表 1-5 企業価値の最大化を実現するための差別化と標準化

$$Value = \frac{Worth}{Cost} \quad \begin{array}{l} \leftarrow 差別化 \\ \leftarrow 標準化 \end{array}$$

ビジョンの肝
　　企業の値打 (Worth) を向上させ，
　　コスト (Cost) を削減し，
　　企業価値 (Value) を最大化する。

出所：筆者作成

　上式で情報化するというと多くの場合には右辺分母の『コスト』に目が行き，そのために自社内のシステムや製品等を『標準化』することに注力しがちである。しかし，それだけでは駄目である。分子の自社の『値打ち』，別な言

い方をすれば自社の特徴（納期が短い）や他社との差別化（固有技術が高水準や提案力高いなど）が優れている点にも目を向ける必要がある。要は『差別化』と『標準化』の両方を考慮した情報システムづくりが必要なのである。すなわち，ポーターの競争優位の基本戦略の『差別化戦略』と『コストリーダシップ戦略』の両方を加味した『企業価値』の最大化を図る必要がある。このことを踏まえた上で対応してほしい。なお，苦瀬［3］によると『差別化』と『標準化』のそれぞれのメリットとデメリットを自社の背景や事情を踏まえることが大切であるという。したがって，『IT 化』や『DX 化』を推進する外部コンサルタントにアドバイスを求めると大抵，図表 1-5 の左辺の『企業価値』として例えば敏速・省力・個別顧客対応・分析・統制などの向上や強化が大切と言われるが，その分解式の右辺の『差別化』と『標準化』の内容を社長さんが個別に吟味することが大切である。具体的には ① 将来の標準化のメリットは現状での差別化のデメリットとの対比だけで考えるべきではなく，② 将来標準化した時，生じかねないデメリットをより少なくする努力が大切である。例えば，標準化のメリットとは，情報交換の容易さ，他社との共同化の容易さ，商品の均一化などあるが，差別化の観点ではそれが近未来デメリットとなる可能性を秘めていることになる。上記の観点で社長さんは近未来への自社のあるべき姿を徹底的に深く洞察していくことが求められる。

3　社会課題の解決を事業化（社会に目配りして生産する）

3.1　社会課題の解決と事業化

　主題の詳細は第 3 章に記載されている。第 3 章のポイントを説明する。今まで 1 企業では自社＋関係企業（取引先や自社関連企業）を中心とした企業群のみを意識した経営がなされてきた。その範疇で利益を出すことに邁進していたわけである。しかし今日それでは自社は持続的活動ができなくなる。国連が2015 年 9 月に採択した「持続可能な世界を実現するための 17 のゴール（長期目標）と 169 のターゲット（具体的目標）から構成されている SDGs」を意識した経営が否応なしに義務化に近い形で進行している。中小製造企業の約50％が全く取り組んでいないとのアンケート（2021 年）があり，そのような

企業では取引先は無論，その製品，部品，サービスを受ける側の顧客さまからも取引しないや買わないとなりかねない情勢下にある。なぜか？　地球がこのままでは持たないからである。そこで本章では今から30年以上前からの企業経営の絡む本件に近い過去の活動を解説しながら，最終的には今後「社会課題の解決を事業化」するというところまで意識しながら日々の経営を行うことに言及している。第1波としてはCSR（社会的責任）から始まるESG経営（環境・社会・企業統治）の流れ，第2波としてはCSR（社会的責任）からCSV経営（共有価値の創造）の流れ，第3波として現在進行形の持続可能な開発目標経営（SDGs）へと進行している。ESG経営時代には各企業が主体的に行うことで済んでいたし，やらなくとも何もなかった。ところがSDGs経営時代が到来し，世界市場は無論，日本国内においても，やらない・後回しでは済まない事態になりつつある。SDGsに対応しない企業は，その企業の事業がジリ貧になる可能性が大である。そこで積極的にSDGsで指摘されている17のゴール（長期目標）と169のターゲット（具体的目標）から自社が取り組みやすい項目と自社事業を結ぶつけ新たな改革・革新を生み出していくことで販路拡大や新事業創成を試みるべきだと提言している。

3.2　SDGsの17のゴールを意識したビジョンづくり

　新社長が就任した当初や新たな事業への取り込みなど大きな事業変革時期に行う自社の明確なビジョンづくりをこの際SDGsの観点で再度実施する手はある。と言うのも，現在，中小企業でSDGsを取り組んでいる企業は全体の約15％しかなく，近々しはじめようとしている企業が25％で合わせても40％なのである。なお大企業はすでに取り組んでいる企業が51％であり，今がチャンスである。その理由は大企業でも半分の企業は取り組んでいないからで，大企業に先んじることができるのである。その点ではビジネスチャンスと捉えてほしい。なお，外部コンサルタントに支援を求め，形ばかりのSDGs導入は歓迎しない。理由は簡単である。自社のノウハウを生かして新たなビジネス展開を生み出すことが大切で，そのためには社長さんが自ら自社の今後の道筋を決定する必要性があるからである。下記は，すでに中小企業でSDGsを自社経営に取り込んだ企業の17のゴールの内多くが目標とした順番を下記する（詳細

は図表 3-5 参照）。なお，かっこ内の G はゴール（長期目標）を意味し，SDGs の G には 17 項目の長期目標番号がありその番号を示した。その後のターゲット前の番号は各ゴールのターゲット（具体的目標）数を示す。各内容を確認してほしい。

1 位：パートナーシップで目標を達成しよう（G-17-19 ターゲット）
1 位：つくる責任・つかう責任（G12-11 ターゲット）
1 位：働き甲斐も経済成長も（G8-12 ターゲット）
4 位：気候変動に具体的な対策を（G13-5 ターゲット）
5 位：産業と技術革新の基礎をつくろう（G9-8 ターゲット）
5 位：陸の豊かさを守ろう（G15-12 ターゲット）
7 位：海の豊かさを守ろう（G14-10 ターゲット）
8 位：住み続けられる町づくりを（G11-10 ターゲット）
9 位：すべての人に健康と福祉を（G3-13 ターゲット）
9 位：質の高い教育をみんなに（G4-10 ターゲット）
9 位：エネルギーをみんなのそしてグリーンに（G7-5 ターゲット）
12 位：貧困をなくそう（G1-7 ターゲット）
12 位：ジェンダー平等を実現しよう（G5-9 ターゲット）
12 位：安全な水とトイレを世界中に（G6-8 ターゲット）
15 位：平和と公正をすべての人に（G16-12 ターゲット）
15 位：人は国の不平等を無くそう（G10-10 ターゲット）
17 位：飢餓をゼロに（G2-8 ターゲット）

4　下請業務からの訣別（真のパートナーシップで生産する）

4.1　下請構造化による強権的生産からの開放は可能か？

　本節の真のパートナーシップとは，図表 1-1 の C 領域である。第 4 章では，前半で，「下請企業構造化」の定義を明らかにした上で本問題は国がどのように取り組んできたを 50 年間の間で発刊されてきた「中小企業白書」と直近 5 年間の「中小企業庁の施策」から検討している。その結論は下記である。
⑴ 日本経済が潤っている間は，下請企業構造化は存在していたが大企業と中

小製造企業間の取引に関して大きく論じることはなかった。

(2) 日本経済がバブル崩壊し数年が過ぎ，大企業と中小製造企業間の取引に関して ① 複数大企業との取引開始と ② 下請企業から自ら脱皮の2つが提起され，中小企業側の自助努力を促した。

(3) その後，経済が好転せず，直近5年前から「特定下請連携事業（2018年）」と「大企業と中小企業との新たなパートナーシップ構築（2020年）」が実施された。前者は (2) 項の ① を中小企業庁がバックアップする体制（図表4-2の右図）であったがうまく行かなかった。後者は大企業に下請法を順守するという目的で「パートナーシップ構築宣言」を提出し，下請企業いじめをしないことを公的に宣言させるものであったが，その宣言を提出した企業は数％に過ぎず，不発に終わった。

下請いじめは戦間期から100年，下請法制定（1956年）から70年弱経過し，表面上は違反行為は少なくなってきているが，より悪質で陰湿な下請いじめが横行している。第4章4節の4事例が掲載されている。そのため中小企業側は発注がなくなることを恐れ耐えているのである。それを良いことに大企業の横暴は止まる気配がない。

また第4章3節では，なぜ日本には下請企業が多いかについて述べている。2つ理由があるとし ① 大企業がコア技術をもたず，技術を軽視していることと ② 税金を財源とする補助金支給制度が充実していることを詳細な事例で紹介してある。

ここまでの分析結果から下請企業構造の上に立つ横暴で利益荒稼ぎの大企業を国家が法律や施策で止めさせようとしても改まらない現実を思い知らされた。そこで，中小企業側からそのような悪徳大企業の取引を中止し，困らせることが必要と考えるに至った。

4.2　大企業の横暴は改まらない。下請企業が大企業取引を止める

本項のテーマは下請企業の造反に思えるかも知れないが，例えば，第4章の図表4-3のBモデルである複層化したバリューチェーンモデルは中小企業庁（2020年）[4] の17ページ記載内容であり事業規模の大中小に関係なく，一企業が新たな価値提案をしたらその提案に賛同する企業は集い一緒にモノを企

画・計画・実施していく夢物語的内容である。これが本節の「真のパートナーシップで生産する」に当たるのである。しかし大企業がその土俵に上がらないなら，今まで下請企業として悪徳な大企業の土俵で商売していたのを改め，良識的大企業の土俵で商売しようとするものである。

　ここで第4章では後半に，櫻井［5］のアンケート調査とインタビュー調査からの結果を基に，自社の今後の企業行動について中小製造企業の社長さんに考えてもらおうとしている。そこで第4章を読み進む前に下記だけはよくよく理解しておいてほしいのである。

　それは，技術でイノベーションやそれに準じるレベルの改革革新を実現した企業群を対象にしたアンケート結果ではあるが，これは成功体験した中小製造企業の社長さんの体験的結果でしかなく，その通りに真似をしてうまく行くわけがない。それは，大企業が明治以来，欧米の企業の真似をしてきたことと同じで，真似では駄目なのである。真似でなく新たな自社の得意な内容に仕立てなければならないのである。ここで大切なことは，過去の事例（他社事例や学者書物）をいくら学んでも役に立たないと言うことである。おかしいと思うかもしれません。しかし，他社が行ったことがないことをするのに他社や過去を学んで意味がありますか？　自問自答してほしいのである。このことが学者の書いた書物も同様である。皆が読める書物をいくら読んでも，他社が見ていれば真似る意味がないことに気づいてほしいのです。

5　高付加価値化の実現（真の顧客価値を実現するモノを生産する）

5.1　顧客の気持ちに刺さる FIT（ぴったり）をデザインする

　本節の高付加価値化の実現とは，図表1-1のD『真の顧客価値を実現するモノを生産する』である。第5章の冒頭に付加価値とは「本業での利益を上げ，十分な報酬を支払い，将来への投資を怠らない」ことと記してある。本書では本章の図表1-2に示す通り，その準備としてインフラ整備（① 受注生産，② 社会のため生産，③ パートナーシップ生産，④ 自社独自製品生産）が必要で，それを実施することを前提としている。その前提を実現すべく努力しながら，図表1-3の① 企業の道程を明らかにし（ビジョンの明確化）と② イノ

ベーションの実現を図ることを目指すことである。その結果，『高付加価値化の実現』ができるというストーリーである。

　その実現のため，第五章ではアレックスの価値提案設計（Value Proposition Design）を実施するのである。その方法は，顧客の気持ち（役立ち，嬉しく，痛み改善）に刺さりフィットするデザインを明らかにして，自らの持っている商品構成（製法・加工技術など含む）を顧客に寄り添ったデザイン（役立ち，嬉しく，痛み改善）に近づけていく行動を取ることである。

　これは，顧客課題の現場のニーズと価値生産の現場のシーズがぶつかりあってフィットした状態，別の言い方をすると融合させたデザイン（＝顧客価値の創成）を実現することである。

　但し，ここで1つ注意しなければいけないことは，『顧客ニーズ⇒顧客価値』ではないということである。顧客価値に言及している英国規格（EN1325-1：1997,EN12973：2000）によると新たな顧客価値とは『顧客ニーズの満足』と『リソースの利用』の2要素を相対的にバランスさせることでその顧客価値は決まると規定されている。要は『顧客ニーズの満足⇒顧客価値』である。顧客ニーズを満足させるソリューション（問題解決）行動を起こすことである [1]。

5.2　ニーズとシーズの両面からアタック

　高付加価値化は必ずしも商品や製品である必要はないのである。第5章2節で取り上げたサイベック社の事例とここで取り上げる部品メーカーだった立石電機（現オムロン社）とAT＆T社/TI社の事例を基に高付加価値化の実現とはどのようなことかを説明したい。図表1-6〜1-8は図表序-13の真ん中の図（後述図表6-10）と同じ図表である。真ん中の黒丸が現時点の自社のポジションである。横軸が仕事軸，縦軸が顧客軸である。前者は進化と深化，後者は伸化と侵化である。

　　進化：新技術で技術を進歩させる
　　深化：コア技術を掘り下げる
　　伸化：新たに形成された市場を伸長
　　侵化：既存市場に新技術で侵略する
　図表1-6は自社の周りに存在するニーズやシーズで社会に点在する既存顧客

図表 1-6　ニーズとシーズの融合

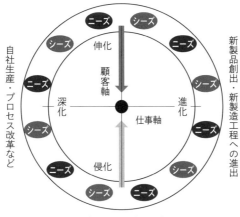

図表 1-7　シーズかニーズかいずれも有

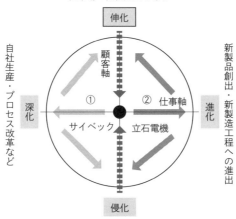

や潜在顧客やその他外部から入力される情報群である。これら情報を自社で活用するかは図表序-16で示した通り，社長さんの力量次第である。

　図表1-7の①サイベック社は深化技術であるCFP工法（冷間鍛造＋順送プ

図表1-8　日常取引と AT&T/TI の R&D

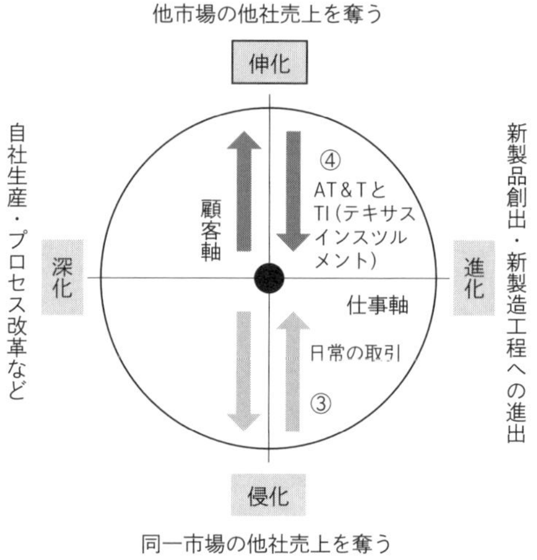

他市場の他社売上を奪う

同一市場の他社売上を奪う

レスの複合）で製作することで，切削・焼鈍・溶接が不要となり，自動車用ミッション部品の注文を獲得（侵化）し，さらに伸化もしている。② 立石電機（現オムロン）は半世紀前，光センサー部品の中小企業であった。立石一真創業社長は，駅の改札口の自動化に目を付け7年間の歳月を費やして世界に先駆け新技術で進化を実現した。その結果，部品メーカーから製品メーカーに脱皮したのである。

　図表1-8の③ は日々既存企業からの要請に日々技術提案をしながら成長している（侵化）。また④ AT&T社と TI社は今から70年以上前に電気式電話交換機の新たな方式を技術研究しトランジスタを実用化した。TI社は元石油資源探索企業であった。

6　画期的な改革の進め方
　（イノベーション誕生にはビジョン策定と統合アプローチ）

6.1　ビジョン策定と方針決定

　社長さんは皆自分の会社を良くしたいと日々思われていると思う。その時の

図表 1-9　社長さんの頭の中を解読してみる

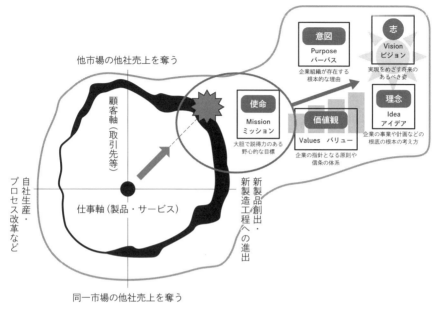

出所：筆者作成

　頭の中はいろいろな思いが錯綜し，今後　当社はこれで勝負すると決めるまでには多くの時間が掛かるものである。その意思決定で会社の業績が決まり，最悪倒産となるし，うまく行けば今まで以上の利益がもたらされ，多くの社員さんや関係者の喜ぶ顔を見ることができる。大抵はこの両極端の中間に落ちつくことになりそうではあるが，できればうまく行くストーリーになることが望ましい。

　図表 1-9 は 2 重のエリアで構成されている。外側の薄い灰色のいびつのサーキットは社長さんの『志（ビジョン）』とその『使命（ミッション）』を明確にした内容である（後述図表 6-6）。その『使命』を受けて，社長さんは内側の黒色のいびつのサーキットのどこをこれからの企業の進むべき方向とするか決定し，どこに経営資源を集中するかを定めているのである。本図では黒丸部が現在の本企業の置かれた状況で，右上に向かって行動を起こし，その結果黒色のサーキットのバリアを突破し，新たな事業を起こそうと企てている様を表し

ている。この事例では新たな新製品を創出して，今までにない他市場の他社売上を奪うような取り組みを実行しようとしているのである。一般的には黒部サーキットは横軸の仕事軸が右側に行くほど，また縦軸の顧客軸が上側に行くほど，黒部サーキットはバリアが厚くなると共に大抵は実現までに時間がかかる（図では距離が長くなる）ことが想定される。それでも社長さんはチャレンジしようと企てているのである。その協力者とは社員は無論，会社を取り巻くステークホルダーである。仕入れ先企業や関係を持つ企業（例えば一緒に研究開発をする企業や大学）などへの明確な意思を鮮明化する必要がある。そこで図表1-9の右側の図表6-6を明らかにして自社の周りの人々に社長さんの思いを明確にわかってもらう行動が大切となる。第6章では図表6-6や図表6-10を使い，その内容をより深く説明している。ここでは，なぜそのようなことをするのかまで理解いただければ幸いである。

6.2　分析アプローチから統合アプローチへ

　もう1つ重要なことを述べている。それはいまだ実現したことがないイノベーションを企画・計画・実行する時でも，今までは，データや事象を『分析アプローチ』（情報収集➡分析➡創造➡評価）で行い，多くの時間をかけ，解析してから新しい着想を生み出そうと努力してきた。しかし，そもそも全く異なる新たな解決策を生み出すには過去分析をいくらしても意味がないことがある。そこで『統合アプローチ』（知識，理解，応用，分析，統合，評価を全く同一水準で扱い）をして，どの項目からでも有効と思われるヒントを基に一気呵成に新たな着想を抽出し，その計画，実行につなげようとする活動をすることである。

（執筆　櫻井敬三）

参考文献
[1] 櫻井敬三（2019年）『イノベーション実現のための価値分析のすすめ』文眞堂，pp.87-88
[2] 玉井正寿（1978年）『価値分析』森北出版，p.26
[3] 苦瀬博仁（2003年）『標準化と差別化の狭間で悩むとき』流通設計2003年8月号 pp.84-85
[4] 内閣府・中小企業庁（2020年5月）『パートナーシップの現状と課題』 https://www5.cao.go.jp>keizai1>partnershi
[5] 櫻井敬三（2021年）『日本の中小製造企業の立ち位置別行動相違分析』日本創造学会　第43回研究大会予稿集　pp.106-109

第2章
受注生産が合理的な選択
（必要なモノを必要なだけ生産する）

　1990年以降，失われた30年間と言われるが，今後10年先を見据えた中小企業の経営環境は，決して平坦な道ではないことは共通した認識である。1990年以降，ポスト-チャンドリアン・エコノミー（PCE）の時代を迎え，大企業の分社化により専門企業の時代となった。これは，大企業を中核とした護送船団方式型経営の傘下にいても，中小企業の経営は伸びないことを示唆している。

　また，この失われた30年間においては，製品技術のコモディティ化や，情報技術の発展に伴うモジュール化とDX化の進展によるビジネス環境のパラダイム転換といった現象が見られる。

　そのための中小企業の対策として，① EC サイトを活用したグローバルビジネスの展開，② 付加価値や利益率の低い事業や今後成長が見込めない（間違いなく衰退する）事業からは，早い段階での撤退を検討する必要がある。そして，経営資源を，匠の技術や自社オリジナルの専門性の高い事業に選択と集中することである。

　また，中小企業においても，超スマート社会（Society 5.0）に向けた事業構造の転換に向けて，社長さん自らがデザイン思考を取り入れたデザイン経営に取り組むことである。そのための施策が，社内に戦略的協創イノベーションを展開する仕組みを創ることである。

　戦略的協創イノベーションとは，課題発見〜要件整理〜プロトタイプ（ビジネスデザインの構築）〜マネタイズ（収益モデルの構築）〜社会実装化というプロセスで展開されるが，社内の各組織（研究開発部門，製造部門，事業部門，マーケティング部門・営業部門）からの精鋭を結集させて，社長さん自らが旗振り役となり，10年先を見据えた新事業の開発を全社一丸で取り組む体制を構築させて，定期的に取り組んでいくことが肝要といえる。

　本章では「必要なモノを必要なだけ生産するためには」をテーマに，1. 見込み生産は駄目，受注生産が合理的な選択，2. 標準化とは見込み生産による量産化によるコスト削減，3. 我が国の製造業の変遷とこれから，4. 大企業依存型から専門特化型へ，5. 10年後を見据えたビジョン策定の指針，6. 社長さんが今すぐ取り組むべきこと（まとめにかえて）の構成で紹介する。

1　見込み生産は駄目，受注生産が合理的な選択

　モノの生産は，言わずもがな，需給バランスによって成り立っている。市場が未成熟な社会（20 世紀）の製造業の生産戦略においては，BtoC のビジネスを展開する企業は，マス・マーケティングを行い，需要予測に基づく見込み生産により適正な受注と利益を確保することができた。一方，BtoB のビジネスを展開する企業は，完成品メーカーが責任発注することで安定した受注生産が約束され，自社の生産能力を最大限に拡大していくこともでき，BtoC と BtoB ビジネスとも規模の経済性を追求していくことができた。

　しかしながら，今世紀（21 世紀）に入り，① 成熟化した社会では，製品技術のコモディティ化[1] による価格破壊や，② グローバル化社会では，モジュール化やデジタル化によりコピー製品の大量供給が可能となり，我が国製造業は，世界市場において競争劣位な状況に追い込まれていったことは周知の通りである。

　今日では見込み生産は作り過ぎによる在庫が増え，過剰設備投資や過剰人員を誘発し企業経営を圧迫することが経験値としてわかってきている[2]。理想は，BtoB のビジネス展開企業の受注生産であろう。特に BtoC のビジネスを展開する企業は，消費財を扱うため，成熟化された社会での過当競争の激化による価格ダンピングや過剰生産による在庫の増大という負の遺産を抱えることになる。

　この問題にいち早く対応したのが流通業界である。30 年以上前の 1990 年頃から，コンビニエンスストアでは戦略的情報システムと称し POS システムを導入した。この戦略的とは，今日多くの産業界で使われるようになり，例えば戦略的経営，戦略的マーケティング，戦略的イノベーション等である。戦略的の所以は，最終ユーザーの志向に合わせて，ユーザーが求めるもの，買いたい

1　製品やサービスについて，性能・品質・創造性・ブランド力などに大差がなくなり，顧客からみて「どの会社の製品やサービスも似たようなもの」に見えるようになった状況

2　ミクロで見た場合には大企業側が発注予定先である中小企業側に生産見込みをちらつかせ確定発注をせず，中小企業側が予想納期に間に合わせるため見込みで動く場合がある。これは本書の第4章の中の下請企業構造の問題であり，ここでは別問題として扱うこととする。

ものを POS システム[3] から収集し，その傾向を分析することで，次回の発注製品と発注量を決定し，極力1回の発注量を最小化し売れ筋しか店舗に並べず，在庫を極力減らすことにより負の遺産を激減させることに成功した。これによって，今日の躍進に大きく貢献していることは周知の事実である。

　すなわち，流通業界においては IoT の導入を行い戦略的な視点からマーケティング戦略を実践していたと言える。

　一方，製造業においても同様である。例えば，大手自動車会社では，組立作業時間を短縮する工夫をした上で，顧客の購入決定がなされた時点で組立作業を開始するのである。筆者は以前，日産の追浜工場を見学した際に，ガソリン車と EV 車とが1つのラインで流れ，動力部の装着だけ2つのラインに分かれ，またその後の工程は合流するラインを見たことがある。要は自動車組立も見込み生産ではなく受注生産になっているのである。

　見込み生産から受注生産への移行変化とは，別の言い方をすれば，プロダクトアウト型の生産管理から，マーケットイン型の戦略的生産管理への変革と言い換えられる。これがこれからの戦略的生産管理を行うということである。戦略的とは自社の利益をもっとも大きくさせることに他ならない。

　マーケットイン型の戦略的生産管理への変革とは，どういうことなのか。前述した通り見込み生産ではなく受注生産への変革を意味している。ここでいう受注生産とは，BtoB のビジネスで一般的な契約書や注文書・発注依頼書のような正式な文書により展開されるビジネスでは，在庫を抱えることがないため比較的問題は少ない。そのため，BtoB を事業の中心に添えている企業は，ダイレクトに景気変動や流行等の市場変化に大きな影響を受けることがなく安定した事業を展開してきた。しかしながら，今日では BtoB を事業の中心に添えている企業においても，市場の成熟や製品技術のコモディティ化等の要因により，これまでの受注生産方式のみでは，安定した受注と利益の確保は難しくなってきており，新規市場への参入等が課題になっている。

3　製品が売れた時点で売れた製品，個数，購入者の年齢などを記録してその内容から次回の発注を明らかにする仕組み。ZARA などの成功例多数有。

2 標準化とは見込み生産による量産化によるコスト削減

　日本の製造企業では，技術を標準化をすることが最も優れた技術変化の進化とする考え方がある。その考え方は標準化→ワンロット生産量の増大→個単価の削減→自社利益確保の流れ[4] である。この流れは，見込み生産を志向する考え方に由来している。

　図表2-1に半導体業界の技術変化・市場変化と企業のポジションを示す。製品市場の変化（横軸）と技術の変化（縦軸）において，欧米各社の代表格のインテルは，右上の理想的製品（MPU）を研究開発し続け，差別化技術で大きな利益を稼ぎ出している。一方日本の各社は競争に打つ勝つため，一般化分散製品にするために標準化技術で対抗した。その結果は多くの日本メーカーはコモディティ化の方向，蟻地獄へと入っていった。櫻井氏談によると日本企業で

図表 2-1　半導体業界の技術変化と市場動向と企業のポジション

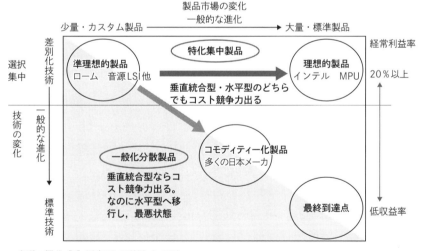

出所：櫻井 [1] 図表 12-2引用（p.170）

4　自動車などに搭載される小型モータの製作メーカーの1社であるマブチ・モータ社は自社のHPで小型・軽量・高効率を実現した上で標準化を図り品質・コスト・バランス・安定・迅速供給力を向上すると記載ある。

も半導体を専業とするローム社は左上（少量・カスタム製品）を維持しインテル社の理想的製品に対し，準理想的製品を研究開発し続け，インテル同様に差別化技術で大きな利益を稼ぎ出している。それは顧客（日本の電機業界中心）の新たな要望に対して同業他社に先んじて開発した新たな半導体を提供しているのである。その後，同業他社が真似して同様の半導体を発売すると，納入先の顧客から競争入札されることになるが，その時納入先の仕事を辞退するのである。すなわち，競争入札による価格競争をしないのである。したがって短期的には売上額の減少になるが，他の新たな納入先の要望（業界で1社も実現できていない）半導体開発にチャレンジするのである。櫻井氏がローム社に在籍していた15年ほど前の3年の間で，売上額に占める新たな顧客の入れ替えは約30％であったと言う。このような新規研究開発と機敏な新生産の行動が差別化技術の誕生と高い利益創成を生み出しているのである。図表2-1は半導体業界であるが，他の業界（電機，工作機械ほか）も同様である。

　また，図表2-1に記載の垂直統合型ビジネスと水平型ビジネスの相違によるコスト競争力の変化に注目すべきである。日本の組立型メーカーの多くは従来，垂直統合型ビジネスを志向し，1社で付加価値を独占してきたが，専業メーカーの台頭で水平型ビジネスが近年多くなり，その結果としてコスト削減が加速し，垂直統合型企業は得られる利益が減額しているのである。この詳細は第4節で詳しく述べる。

　ここで，中小製造企業の取るべき行動について言及する。1つ目の行動は理想的製品（インテル）または準理想的製品（ローム）の差別化技術で勝負する方法である。2つ目の行動は日本の大企業に見られる右下がりのコモディティ化製品の下請業務（部品供給やOEM生産）を速やかに止めることである。

3　我が国の製造業の変遷とこれから

　ここでは，まず，我が国の産業革命以降の企業組織戦略の変遷をアカデミックな視点から考えてみたい。

　企業組織戦略とは，製造業や生産領域における企業間連携のことであるが，その経済的発展過程を表す指摘としてラングロア［2］のポスト-チャンドリア

ン・エコノミー（PCE）がある。

ラングロアによれば，社会インフラが整備されていない1880年代までは，市場経済が未成熟で，アダム・スミスのいう市場経済は「神の見えざる手」によって進歩したと述べている。これは第一次産業革命の時代における製造業の企業戦略が，「作れば売れる」であったことに象徴される。

そして，1990年頃には，フォーディズムや科学的管理法が普及し，チャンドラーのいうところの垂直統合の度合いの高い大量生産の時代，つまり人間が関与する見える手の時代を迎えたと指摘する。

この時代の企業戦略の特徴は，合理的な生産計画，生産管理が主流の時代であり，経営者は工場の生産効率を高めるために，ヒト・モノ・カネをマネジメントする能力が問われる時代であった。また，企業が事業の多角化を行い，大企業や財閥が誕生した時代でもある。

さらに，1990年以降は，消えた手の時代とし，情報通信の発展により垂直統合の度合いが低くなるポスト−チャンドリアン・エコノミー（PCE）の時代と述べている。

図表2-2に示す通り，1990年を境にそれ以前は大企業の時代であり，それ以降は専門企業の時代となったのである。ここに企業の顕在能力（規模）による見方から企業の潜在能力による見方が優先されるようになっている。したがって，今日では日本の中小企業基本法で定義されている規模による企業分類は意味をなさなくなってきている。

図表2-2　ポスト−チャンドリアン・エコノミー（PCE）における企業戦略の特性

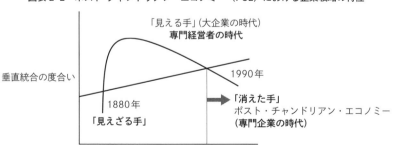

出所：ラングロア［2］を基に筆者一部加筆

4　大企業依存型から専門特化型へ

　丹沢［3］によれば，消えた手の時代の企業戦略として，中核業務以外をア
ウトソーシングする他，外部企業とのアライアンスにより専門企業化が進んで
おり，従来同一企業内にあった研究開発・設計・製造・検査，営業，管理部門
等が企業構造を変えて「企業境界の決定」を行っていると述べている。

　また，1990 年以降，ポスト–チャンドリアン・エコノミーの消えた手の時代
の新たな企業戦略の特性として，筆者・藤井［4］は，20 世紀の成功モデルで
あった垂直統合型の護送船団方式[5] からの脱却により，新たに 21 世紀型の成
長モデルとして，産官連携および情報・IT 技術の活用による仮想工業団地の
立上げによる産業復興に向けた戦略および，製造業のサービス事業化に向けた
戦略を示唆した［4］。

　以下で日立製作所（以下，日立）の直近の事業の変遷を仔細に説明する。そ
の内容から中小製造企業は，今後どのようなかじ取りをしていくべきかの参考
資料としていただきたい。

4.1　大企業の分社・統合化戦略の進行

　1990 年以降，ポスト–チャンドリアン・エコノミー（PCE）の時代を迎え，
電機産業の企業戦略は，従来の大企業を核に関連グループ企業が取り巻く護送
船団方式から脱却し，強い専門企業を束ねた複合・統合・融合型の新組織戦略
へ移行している。

　総合電機メーカーの日立は，2000 年以降，事業部門とグループ会社の分社
化により，従来の多角化（範囲の経済）と垂直統合（規模の経済）を追求する
事業構造から，グローバルコンペティションで競争優位を持つ事業に専門特化
する利益主導の組織構造への変革（選択と集中）に大きく舵を切ってきた。

　半導体事業においては，モジュール化と低い人件費が韓国・台湾企業の台頭
を許し，日本国内の同質的な競合関係に終止符を打つこととなり，ルネサステ

5　号令一下全体が統制を確保しつつ進んでいくこと

クノロジー（日立・三菱・NEC），エルピーダメモリ（日立・NEC）の分社・統合となった。

　茨城県日立市地域に集中している日立の重電機事業（電力・産業システム部門）は，電力事業の縮小・延期化および，長引くデフレ経済による国内同業他社間の同質的な価格競争の激化，中国等東アジア地域の安価な製品ブランドの新規参入による電機設備機器のコモディティ化，さらには，顧客の購買価格の一律値引き要求や購買時の逆ネットオークションによる売価の下落，電機機器の主原料となる銅・電磁鋼鈑等の金属材料単価の大幅値上げ等，様々な要因が重複し受注減および，収益減となっていた。

　こうした背景の中，水力・火力事業の分社・統合化（三菱日立パワーシステム），圧延機（三菱日立製鉄機械）への分社・統合化，一般産業機器（日立産機システム）の日立グループ企業への分社化を進めてきた（分社化の流れは，2000年以降も加速している）。

　1990年以降は，こうした要因により，グループ内での開発・生産・資材の自前主義・地元重視主義から転換が図られた。そのため茨城県日立市地域では，城下町工業集積の中核企業である日立と地元企業との共存共栄関係の構築が難しい状況になった。

　また，1990年以降の消えた手の時代には，1995年のwindows95の普及によってIT革命の時代となり，2000年頃にはITバブルを迎えた。この時代の特徴は，ヤフーや楽天等のITベンチャーが自社のホームページをプラットフォームとしたeコマースを展開し，新たな商取引市場を開拓した時代でもある。

➡中小製造企業の社長さんへ

　従来，最も安定していたBtoCビジネスの内，親企業と言われる大企業の傘下に入り，そこから発注される部品やOEM製品でのビジネスが立ちいかなくなってきていることを再認識いただきたい。自ら新たな取引先を見つける行動を取らなければ生き残れないのである。

4.2　IT時代における中小企業を巻き込むデジタル化戦略

　20世紀の成功モデルであった垂直統合型の護送船団方式からの脱却により，

新たに 21 世紀の成長モデルとして，産官連携および，情報・IT 技術の活用による仮想工業団地の立上げによる産業復興に向けた戦略と製造業のサービス事業化に向けた戦略が展開された。

　その背景は，従来，垂直統合型の護送船団方式をとり，100 ％下請けグループ関連会社を傘下におさめてきた大手メーカー側の戦略が，親会社本体および，他グループ会社の受注減により現実的でなくなってきた。

　こうした中で日立は，2001 年に茨城県日立市地域の中小零細製造業に対して，日立グループ以外の業者との取引を斡旋する目的で，仮想工業団地「IT テクノポリスひたち（現在は e スクラム）」を開設した。

　同システムは，産官連携によるアプローチで，具体的には茨城県電機機械工業協同組合連合会・日立地区産業支援センター・日立商工会議所と，日立の電力・電機グループが一体となり，茨城県北部地域の産業活性化に向けた施策であり，インターネットを通じて地元の中小製造企業が，全国の企業から新規の受注を獲得することを主な目的として開設された。

　これは，従来垂直統合型の護送船団方式をとってきた企業城下町の地域産業再生に向けた新たな企業戦略であり，近年日立グループにおいても，グループ連結の売上比率の中で，サービス事業の占める割合が 50 ％を超えている 1 つの要因でもある。

　以上の様な，情報ネットワーク上の新たなビジネスモデルの出現は，従来，企業城下町の優位性であった地域集積的な特性が，絶対的な競争優位ではなくなってきたことを意味している。

　このような背景において，日立は，茨城県日立市地域の産業活性化策として，2001 年，日立グループ以外の業者との取引を斡旋する目的で，仮想工業団地「IT テクノポリスひたち（後に e スクラム）」を開設した。さらに，茨城県日立市地域の産業振興を目的としたローカルなシステムだけでなく，東京の本社資材統括部及び，情報通信事業部が主体となり，日本最大の e-マーケットプレイス「TWX-21」を 2004 年に開設した [5]。

　日立が提供する企業間のエレクトリックコマース（EC）サービス "TWX-21" では，インターネットを利用した設計・調達・生産・販売といった企業間のビジネスプロセス全体をカバーするアプリケーションサービスにより，企業

の業務改革を支援してきた。サービス開始当時，EC は EDI[6] に代表されるファイル交換を主体とした利用形態であった。

　しかしながら，インターネット接続環境やコンピューター環境の発展により，企業間 EC の形態も大きく変化し，ビジネスの方法が変わり始めている。日立は，このような動きに対応して，見積評価サービス，SC（Supply Chain）コラボレーションサービス，Web-EDI/BB サービス，MRO 集中購買サービスなどを新たに開発し，TWX-21 の機能を強化してきた。

　その結果，（株）NC ネットワークが，2005 年時点で 12,598 社，2008 年現在では，15,257 社の中小製造業のネットワーク化に成功しているのに対し，日立は，2004 年の時点で 20,000 社（400 業種），2008 年 6 月現在 38,600 社，2023 年には，84,000 社の会員を有している。

　20 世紀が工業化による大量生産・大量消費の時代であったのに対し，21 世紀は，情報・IT 技術を駆使したネットワーク社会の時代である。そして，これまでの「量」から，サービスも含めた「質」を求める時代へと変わってきている。こうした時代の変革要素を十分に考慮した企業戦略が今後重要な課題である。

➡中小製造企業社長さんへ

　本章の表題「必要なモノを必要なだけ生産する」⇒「受注生産」は，第 1 節で，自社内工場内における作り過ぎによる在庫の増大，過剰設備投資や過剰人員を誘発し企業経営を圧迫すると記したが，上記の記載通り，取引先の大企業が世の中の動向を察知し，EDI（電子データ交換）による取引を実践し出している。したがって，必要な商品や部品を必要最小限で発注し，その納期を最短となることが想定される。その対応力が求められることになる。

4.3　IoT 時代における中小企業のデジタル化戦略

　1990 年以降の消えた手の時代には，1995 年の windows95 の普及により IT 革命の時代に突入し，2000 年に入り IT バブルを迎えた。この時代の特徴は，ヤフーや楽天等の IT ベンチャーが自社のホームページをプラットフォームと

6　EDI とは Electronic Data Interchange」の頭文字をとった略称で，日本語では「電子データ交換」

したeコマースを展開し新たな商取引市場を開拓した。

　そして，2015年頃からスタートしたのが，IoTデジタル革命である。1990年以降の消えた手の時代には，モノを売る（所有）という概念は，もはや意味をなさず，コトを売る（利用）という概念に変革された。

　これが，製造業のサービス化やデジタル化という新たな潮流となった。いままでの商取引概念が一変し，例えばサブスクリプション[7]が実践され始めている。この時代の主な企業戦略は，戦略的協創イノベーションである。それは，取引先企業やその先にいる消費者（エンドユーザー）の利益創出も考慮した関係性（協創型）のマーケティング活動のことを意味している。

　では，戦略的協創型の企業戦略をどのように展開していくべきなのか。それが本章でお伝えしたい内容である。

　戦略的協創型の企業戦略を展開することとは，取引先企業や消費者（エンドユーザー）のニーズやウオンツを引き出し，製品＋サービスのパッケージでのビジネスモデルを構築して，これらのビジネスを展開するツールとしてデジタル化アプリを開発し，プラットフォームビジネスを展開することである。

　そして，取引先企業や消費者（エンドユーザー）に便益を提供し，自社は安定した収益を獲得するというウイン・ウインのビジネスモデルである。2015年以降，大企業を中心に戦略的協創型のプラットフォームビジネスは，多くの産業・企業で展開されてきているが，現在も発展途上の段階にあるといえる。また，感度の高い中小製造企業では，独自の専門性を活かした製品をグローバルや全国市場をターゲットに導入・展開しており，事業規模の拡大や安定収益の確保という新しい戦略に事業をシフトしている。

　こうした中，新たに出現したのが，IT/IoTベンチャーである。こうしたベンチャー企業の出現は，いわゆるデジタル・ディスラプションを引き起こし，20世紀に形成した産業構造や業界構造を破壊・再構築といった現象を生み出している。

7　商品の購入代金やサービスの利用料を請求するのではなく，一定期間利用することができる権利に対して料金を請求するビジネスモデル

　図表2-3は，DX[8]時代の競合環境である。この図表で強調しておきたのは，中小製造企業が得意とする専門領域のDX化に関しては，従来の大企業やGAFAMの様なIT/IoTベンチャー企業は，主要なマーケットとしていない点である。それはなぜかといえば，大企業は，ある一定規模のボリュームマーケットを対象にしたビジネスでないと収益構造が保てないため，参入することは難しいのである。

　また2000年以降のIT革命以降，BtoCのボリュームマーケットで成功したGAFAMのようなデジタルプラットフォーム企業も，中小製造企業の事業領域である専門特化されたビジネス分野でのデジタル化の侵攻に際しては，専門的知識の欠如とデジタル市場における規模の経済性の観点から，非効率領域と

図表2-3　DX時代の競争環境とデジタルプラットフォーム事業の戦略領域

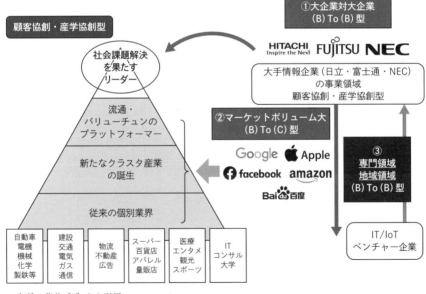

出所：藤井［6］から引用

8　DXとはデジタルトランスフォーメーションの略記号で，経産省DX推進ガイドラインによると，ITがデジタル化で見える化し業務効率を向上することが目的であったが，DXはITより概念が広く，IT化を前提として顧客や社会のニーズを基に自社の製品やサービスの業務・組織・プロセスなどの変更を実施すること

判断することが多いといえる。しかしながら，デジタル化の技術発展と市場侵攻の速さは想像以上に早いと考えられる。

　以上のことから，中小製造企業においては，豊富な資金力や人財力を有するこれらの企業が侵攻する前に，自らがDX化に取り組むべきである。また，できるだけ早い段階で，DX化へ転身することは，独自の事業の拡大と安定収益を確保するためのブルーオーシャン戦略（過当競争のない独占的ビジネス可能の戦略）といえる。

➡中小製造企業社長さんへ

　IT化やDX化は駄目とあきらめずに，専門性を発揮できれば，新たな市場参入が独占的に可能となるのである。また，事業のDX化により，生産工程間や企業間に滞留する在庫の低減や，生産工程を止めないための隠し在庫の低減等にも繋がり，納品先の消費量を見ながら，需要予測し，計画生産することも可能となる。前向きな取り組みが有効なのである。

5　10年後を見据えたビジョン策定の指針

　本書の序章7節で，まず中小製造企業の社長さんがしなければならないこととして「自社ビジョンを確認する」ことであると記した。これから新たな自社ビジョンを創出するならば，是非とも本章の本5節で記載する内容を読まれ，最新の世の中の動向であるDX化を考慮したビジョンにしていただきたい。

5.1　超スマート社会の到来と第4次産業革命

　図表2-4は，10年後を見据えた世界規模で展開されているデジタル化社会へのパラダイム転換をまとめたものである。欧州（特に，ドイツ）では，2010年頃からベンツ・BMW・ワーゲンに代表されるように国の主要産業である製造業でのDX化を主な目的として，Industrie4.0（第4次産業革命）をスローガンに展開している。一方米国では，シリコンバレーの誕生以降，1990年代には，スタンフォード大学やMIT等の大学を拠点とするITベンチャー（GAFAM等）に象徴されるようなインターネット企業が誕生したことから，Industrial Internetを標語にしている。また，中国では，製造業を中心として中

図表 2-4 世界規模のデジタル化社会へのパラダイム転換

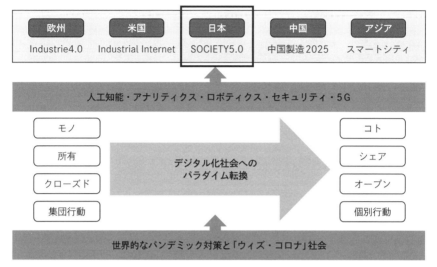

出所：筆者作成

国製造2025,さらに,今後若い世代の人口増加が見込めるアジア諸国では,若い世代が住む街を創ることが求められており,スマートシティとして展開されている。その中で,我が国では,超スマート社会（SOCIETY5.0）と内閣府が定義している。以上のように国や地域によって,対象とする事柄は異なるものの,DX化に向けた取り組みは世界各地で急ピッチに進んでいる。

　DX化への取り組みについては,人工知能やアナリティクス・ロボット・セキュリティ・5G等の技術をベースに進められている。またDX化することで,これまでのモノを所有する構造からコトをシェアする構造への変革や,製品設計コンセプトがクローズドからオープンへと転換する。また,人同士のコミュニケーションのあり方が,これまでの集団行動から個別行動へ変換すると考えられる。

　図表2-5超スマート社会（SOCIETY5.0）概念図は,内閣府が示したものである。この図では,今後このような社会が実現されるという話である。超スマート社会（SOCIETY5.0）とは,センサ・量子技術・先端計測・素材・ナノテク・ロボット等の共通基盤技術がベースとなり,スマートモビリティ・ス

図表2-5　超スマート社会（SOCIETY5.0）概念図 [8]

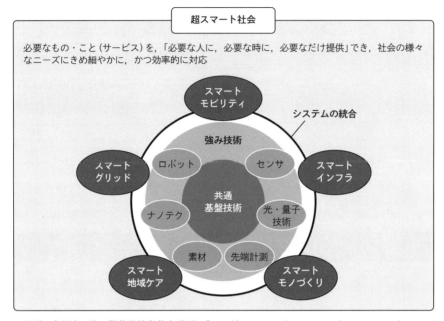

出所：内閣府（第5期科学技術基本計画）《http://iot-jp.com/iotsummary/　iotcategory/society-5-0/.html》より

マートインフラ・スマートモノづくり・スマート地域ケア・スマートグリッドのような，様々な社会基盤とデータ連携し，デジタルプラットフォームを介して繋がることで，消費者が，必要なモノ・こと（サービス）を，必要な人に，必要な時に，必要なだけ提供でき，社会の様々なニーズにきめ細やかに，かつ効率的に対応するというコンセプトである。

　では，超スマート社会（SOCIETY5.0）では，どのようなことが可能となり，中小企業の経営環境はどのように変わるのか考えてみたい。

(1) スマートモビリティ

　図表2-5の真上のスマートモビリティとは，自動車産業において，EV（電気自動車）への転換である。これは，製造業において20世紀に確立された垂直統合型の産業構造の分散と中小企業の専門特化型経営への転換をもたらすことになる。それは，エンジンやハイブリッドを原動力とする擦り合わせ型のク

ルマにおいては，部品間のインターフェースは，クローズドであり，完成品メーカーをピラミッドの頂点とした階層構造による安定経営が可能であった。

　しかしながら，EV（電気自動車）への転換は，擦り合わせ型のクルマから，モジュール型のクルマへの転換を意味しており，部品間のインターフェースが，オープンになる他，EV は部品数も大幅に削減されることとなりこの完成品メーカーを頂点とするピラミッド型の産業構造は不要となる。またEV の部品をマーケットから購入すれば，誰でもクルマを組み立てられる様になるとも考えられている。

⑵ スマートモノづくり

　次に図表2-5 の斜め右下のスマートモノづくりである。これは，デジタルを介して生産の合理化を図るもので，我が国の製造業においては，工場の FA 化や SCM との連携等，既に多くの分野で推進されていることである。しかしながら，スマートモノづくりでは，これまで以上に本社・工場・事業所・物流・倉庫・店舗・消費者とのデーター連携が可能な社会となる。

　具体的には，クルマのディーラーで EV の 3D 映像を観た消費者が，自分オリジナルのクルマを 3D 上で完成させて，気に入った外装や内装をカスタマイズして発注し，生産工場では，この発注を受けてから製造を開始することで，見込み生産を減らし，在庫も減らすようなモノづくりが可能になる。

　また，スポーツ靴メーカーにおいては，消費者が自分の足の写真をスマホでメーカーに送ることで，オーダーメイドの靴を生産し消費者に届けるというような社会になると考えられている。

　これまで BtoC のプラットフォームビジネスで，既に成功を収めた GAFAM・ヤフー・楽天のようなベンチャーデジタル企業は，すでに消費者の個の情報（年齢・性別・家族構成・居住地・趣味・志向等）をデータ化しており，消費者の購買行動や購買履歴に基づいたリコメンテーションにより，受注を増やし利益をあげている。

　このような DX 化による社会の消費動向の変化は，中小製造企業においても DX 化は避けられない時代がそこまで来ているということである。

⑶ 町の鉄工所から今や NASA が認める優良企業へ

　櫻井氏談によると京都に本社のある HILLTOP 社は，京都試作ネットの有

力企業の 1 社であると言う。当社は 1961 年に山本鉄工所として現相談役の山本昌作氏の父が創業した機械加工専門企業であった。某メーカーの孫請けで機械加工の専門業者で大量生産をしていたが，業績は芳しくなかった。そこで現相談役（当時社長）は，新たなビジョンを打ち出した。具体的には「量産はしない」「ルーチン業務はしない」「職人は作らない」の新たなコンセプトで IT を駆使し，デジタル化で見える化し業務効率向上の実現をめざしたのである。受注から納品までをすべて自動化し，社員はプログラムを組み，作業は自動機械が無人で加工する 24 時間無人加工する「HILLTOP システム工場」を実現したのである。そのためにそれまで職人が勘と経験で作業していた内容をすべてデータ化したのである。その苦労は並みの努力ではなかったという。儲からなかった当時の少品種大量生産を，儲けるために多品種少量生産に切り替えたのである。これが実現したのは約 10 年前と聞く。

　現在，日本法人には約 135 名の社員がおり，約 20 億円の年収である。現在，京都以外に米国カルフォルニア州に工場を有し，シリコンバレーとテキサスにも事務所を持つまでに成長し，米国ニューヨーク証券取引所に上場する企業となっている。日米に 4,000 社（米国では NASA やディズニーなど）からの精密機器部品の機械加工の注文が来る。そもそも，下請時代は 2% 程度の利益率しかなかったものが，現在は 25% 程度の利益率で推移している。この快進撃は，今から 15 年ほど前に現相談役が新たなビジョンを提示し，専業分野（機械加工）は生かしつつ，その技術ノウハウをすべてデジタル情報化したことに始まるのである。このような決断と実行が今日の高業績に繋がっているのである。本 5 節に記した DX 化を自社の現状況を踏まえ見直すときっとここで紹介した HILLTOP 社のように見違えるような企業へ変身できるものと思われる。なぜならば，ここで紹介した IT 化より概念が広い DX 化を実現できれば，きっと顧客や社会のニーズを基に自社の製品やサービスを業務・組織・プロセスなどの変更を実施するものと期待できるからである。その結果業績の飛躍的向上が期待できるものと思われる。もし，本文章を読まれた中小製造企業の社長さんが，本 5 節の内容は当社には適用が無理で絵空事と思うのであれば，それは，きっと近未来，後悔することになると思われる。

　では，中小製造企業において DX 化をどのように進めていったらよいかをこ

れから述べたい。

5.2　戦略的協創イノベーションの進め方

　以下では，イノベーションを生み出す観点での世の中で良しとされる考え方をまとめて紹介する。イノベーションの実現に関係するであろう高付加価値化の実現に関しては，第5章でさらに詳細に記述する。

⑴ サービス・ドミナント・ロジック

　バーゴとラッシュ［9］の提唱するサービス・ドミナント・ロジック（以下，S-Dロジック）を紹介する。これは，すべての経済活動がサービスそのものであるとする考え方である。

　この概念は，価値創造の主張であり，従来のモノを中心とするグッズ・ドミナント・ロジック（以下，G-Dロジック）が，交換価値（value-in-exchange）を重視するのに対して，S-Dロジックは，使用価値（value-in-use），や文脈（value-in-context）を重視する。

　これは，財（モノ）の購入という交換だけでは価値は実現されず購入後の使用によって，はじめて価値が実現されるという認識である。このようにS-Dロジックは，価値要因を交換価値から，使用価値にシフトする。詳細の定義は以下の通りである。

① サービスは交換の基礎である。
② 間接的な交換は交換の基礎を見えなくする。
③ モノはサービス供給の流通システムである。
④ オペラント（知識やスキルなどの無形）資源は競争優位の基本的源泉である。
⑤ すべての経済は「サービス」経済である。
⑥ 顧客は常に価値共創者である。
⑦ 企業は価値を提供することはできず価値提案しかできない。
⑧ サービス中心の考え方は元来顧客志向的であり関係的である。
⑨ すべての社会的行為者と経済的行為者が資源統合者である。
⑩ 価値は受益者によって常に独自的にかつ現象学的に判断される。

　この概念は，近年，サービスイノベーション政策の中心的な概念となっており，

次世代の科学技術イノベーション政策である超スマート社会（SOCIETY5.0）の実現に向けて，産・学・官の各々の分野において大きく注目されている。

(2) デザイン思考

デザイン思考（Design Thinking）とは，デザイン（設計）を行う際のプロセスを用いてユーザーの課題を定義し，解決策を見い出す考え方である。

この概念は，1987年ピーター・ロウ著『デザインの思考過程』の中で"デザイン思考"という言葉が世界で最初に紹介された。

その後，2005年デイビッド・ケリーが教授を務めるスタンフォード大学にd.schoolを創設され有名になった。

次に，デザイン経営とは，デザインの力をブランドの構築やイノベーションの創出に活かす経営手法である。この考え方は，デザインを活用して市場のニーズを的確に捉え，柔軟に反復や改善を繰り返しながら新たな価値を創り出していく取り組みを指すことである。そのために必要となる条件は，

① 経営陣にデザイン責任者がいること

② 事業戦略の構築段階からデザイナーが関与すること

の2点である。

では，なぜデザイン思考が注目されているのか。それは，我が国が「モノづくり大国」と呼ばれていた頃の商品開発では，仮説検証型（仮説を設定して商品を発売し，効果を検証する）方法が取られていた。しかし，市場構造の変化などにより，多くの日本企業がこれまでのプロセスや既存事業で大幅な成長が見込めないため，ユーザー視点でのモノづくりと，将来の予測が困難なVUCA[9]の時代と呼ばれる今日において，企業では新規事業を大きく育てていく必要がある。そのために，イノベーションとの親和性が高いデザイン思考が注目され，デザイン経営を取り入れた戦略的経営モデルの構築が求められるようになった。

我が国では，2018年9月：経済産業省がDXレポートで，デジタル技術の進展の中でDXを実行できる人材の育成と確保が企業にとっての最重要事項で

---

9 VUCAとは「Volatility（ボラティリティ：変動性）」「Uncertainty（アンサートゥンティ：不確実性）」「Complexity（コムプレクシティ：複雑性）」「Ambiguity（アムビギュイティ：曖昧性）」の頭文字

あると言及した。これは，ユーザー起点でデザイン思考を活用し，UX（ユーザー・エクスペリエンス）を設計し，要求としてまとめあげる人材を求めていると指摘した。また，ユーザーのニーズから課題を抽出して，商品やサービスに反映させるデザイン思考が，DX の推進に欠かせない要素の 1 つであると言及した。さらに，2018 年 5 月：経済産業省と特許庁が合同でデザイン経営宣言を発表した。

　では，デザイン経営の役割や定義，デザイン経営を実践するための具体的な取り組みを紹介する。デザイン経営を実践するための具体的な取り組みは，以下 7 つである。

① デザイン責任者（CDO, CCO, CXO 等）の経営チームへの参画
② 事業戦略・製品・サービス開発の最上流からデザインが参画
③ デザイン経営の推進組織の設置
④ デザイン手法による顧客の潜在ニーズの発見
⑤ アジャイル型開発プロセスの実施
⑥ 採用および人材の育成
⑦ デザインの結果指標・プロセス指標の設計を工夫

次に，デザイン思考のポイントを紹介すると，

① 人間中心設計（ユーザーの立場から本質的な課題を見出し，根本的な解決策を探っていくことを重要視している）
② 共創性（様々な立場の人や経験を対話により共有することでアイデアや価値を共に生み出す商品やサービスに関わるチーム全員が話合いに参加），
③ 非線形プロセス（非線形で比例関係にない効果よりも，起点や過程を重視）

の 3 点である。

　デザイン思考では，トライアンドエラーを繰り返すことで，リスク回避とアイデアの信頼性を高めることができる。

　具体的な進め方は，

① 共感（Empathize）では，インタビューやアンケート，フレームワークなどを用いて，商品やサービスの課題をユーザー視点で考えることと，ユーザーの言動やその奥にある感情を深掘りすることが重要である。

② 定義（Define）では，共感（Empathize）で得られた情報を基に，ユーザーのニーズを定義する。

③ 概念化（Ideate）では，課題を解決するためのアイデアやアプローチ方法を出し合うブレーンストーミングを用いて，数多くのアイデアを出すことが重要である。

④ 試作（Prototype）では，一度プロトタイプ（試作品）を作り，商品やサービスを形にする。その際，できる限り低コスト・短時間で試作することで，新たな視点や問題点に気付くことができる。

⑤ テスト（Test）では，プロトタイプのユーザーテストを行い，得られた意見を基に「定義したユーザーのニーズは正しかったのか」「課題の本質的な解決につながっているか」を検証する。

以上の5つのプロセスを行うことで，新たな課題を洗い出したり，改善や再考を繰り返したりしながら，より顧客満足度の高い商品やサービスを目指すことが大切である。

(3) 知識創造理論

野中・竹内［10］の提唱する知識創造理論とは，暗黙知と形式知の相互変換運動であり，4段階の知の創造プロセスによって成立する。

この4段階のプロセスを要約すると，

① **共同化（Socialization）** とは，知識や経験を共有することによって，技能やノウハウなどの暗黙知を共有・獲得・創造することである。事例としては，本田技研における製品開発プロジェクトにおける難問解決のための徹底した議論の「場」（タマ出し会）を設置して，ブレーンストーミング合宿を社内で実施している事例がある。また，松下電器産業（現在のパナソニック）では，家庭用自動パン焼き器の製品開発において，熟練パン職人の技を再現するという課題点を抽出して，ソフトウェア開発主任の女性社員が，美味しいパンを作っているホテルのチーフ・ベーカーに弟子入りし，職人の暗黙知を習得した結果，パン生地を引っ張るだけでなく，「ひねり」を加えていることに気が付いたという事例もある。

② **表出化（Eternalization）** とは，暗黙知を明確なコンセプトに表すプロセスである。暗黙知は，メタファー，アナロジー，コンセプト，仮説，モデルな

どの形をとりながら，次第に形式知として明示的になっていくのである。これは，知識創造プロセスの真髄である。事例としては，マツダにおいて，「新しい価値を創造し，楽しいドライブの喜びを提供する」というマツダの経営理念から，「エクサイティングかつ快適なドライブを提供する本格的なスポーツカー」というコンセプトを創り出し，新型スポーツ車（RX-7）が生まれている。

③ **連結化（Combination）** とは，コンセプトを組み合わせて1つの知識体系を創り出すプロセスである。この知識変換モードは，異なった形式知を組み合わせて新たな形式知を創り出す。事例としては，米国クラフト・ゼネラル・フーズ社における小売り業者のPOSシステムからのデーターを，販売戦略を創り出す際の参考にしており，クラフト独自のデーター分析手法によって，どのようなタイプの客が，どのような買い方をするかを細かく分析している。

④ **内面化（Internalization）** とは，行動による学習によって，形式知を暗黙知として体得するプロセスである。事例としては，米ゼネラル・エレクトリック社において，顧客からの苦情や問い合わせを，ケンタッキー州にあるコールセンターのデーターベースに一括集約することで，製品開発チームのメンバーが，電話オペレーターと顧客のやりとりを追体験している。

以上の通り，知識創造プロセスは，図表2-6の通り，「共同化（Socialization）」は共感，「表出化（Externalization）」は言語化，「連結化（Combination）」は個人知を組織知にすること，「内面化（Internalization）」は組織知の実践という4つのプロセスを得て，このスパイラルを高速回転（SECIスパイラル）させることで，知識創造（イノベーション）を引き起こすとしている。

6 社長さんが今すぐ取り組むべきこと（まとめにかえて）

これまで述べてきたように，1990年以降，失われた30年間と言われるこの期間と，今後10年先を見据えた中小企業の経営環境は，決して平坦な道ではないことは共通した認識である。

1990年以降，ポスト–チャンドリアン・エコノミー（PCE）の時代を迎え，大企業の分社化により専門企業の時代となった。これは，大企業を中核とした

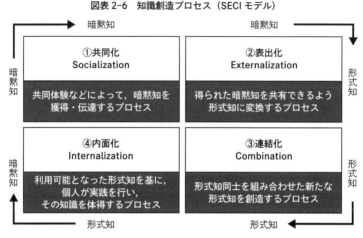

図表 2-6　知識創造プロセス（SECI モデル）

出所：野中・竹中［10］を基に筆者加筆

護送船団方式型経営の傘下にいても中小企業の経営は伸びないことを示唆している。

　そのための対策として，日立では，TWX-21（EC サイト）の立ち上げにより，地元の中小製造企業が，グローバルな視点で自社技術・自社製品を購入する新たな市場（消費者）を探すことを進め，今日では，84,000 社の登録がある。

　このことを鑑みると，中小企業の第 1 の戦略は，EC サイトを活用したグローバルビジネスを，まずはじめてみることである。

　次に，製品技術のコモディティ化現象への対応に関しては，付加価値や利益率の低い事業や今後成長が見込めない（間違いなく衰退する）事業からは，早い段階での撤退を検討する必要がある。そして，経営資源を，匠の技術や自社オリジナルの専門性の高い事業に選択と集中することである。

　さらに，情報技術の発展に伴うモジュール化現象に対しては，これまで，我が国の製造業が開発した先端技術が，この失われた 30 年間で，海外の賃金の低い国に流失してしまい，わが国のビジネスとして成立していないという問題点がある。これから 10 年先を見据えた場合，モジュール化現象は EV の事例にみられるようにあらゆる完成品であたり前のように展開されると考えられる。

　そのための対応として，中小製造企業においても，超スマート社会（SOCI-ETY5.0）に向けた事業構造の転換が求められる。

　その際の中小製造企業のとるべき戦略とは，新事業の立ち上げに関しては，社長さん直属の専門チームを設置して，社長さん自らがデザイン思考を取り入れたデザイン経営に取り組むことである。

　また，社内に知識創造プロセスを展開出来る「場」を設置して，社員の自由闊達な意見交換を行い，既存の慣習や考え方に捉われないアイデア創出を定期的に行うしくみを創ることである。

　人財面での対策は，斬新なアイデアを事業化するためにビジネスモデルの検討を行うリーダーや，斬新なアイデアを消費者視点でサービス化させること（サービスデザインによるビジネスモデルの構築）を推進することができるサービス・ビジネスクリエーターを育成することである。

　サービス・ビジネスクリエーターは，野中・竹中［10］が提唱する「知識創造理論」に基づきアイデアを事業化させることができる人財である。

　製品開発におけるイノベーションを起こす際，企業内部の暗黙知と形式知の相互変換運動（4段階の知の創造プロセス）を行い，この相互変換運動を，企業外部の顧客やステークホルダーと「協創」することで，製品開発に留まらず，サービスも含めた新たなビジネスモデルを構築するクリエーター（人財）の育成が，今後求められている。

　戦略的協創イノベーションとは，課題発見〜要件整理〜プロトタイプ（ビジネスデザインの構築）〜マネタイズ（収益モデルの構築）〜社会実装化というプロセスで展開されるが，社内の各組織（研究開発部門，製造部門，事業部門，マーケティング部門・営業部門）からの精鋭を結集させて，社長さん自らが旗振り役となり，10年先を見据えた新事業の開発を全社一丸で取り組む体制を構築させて，定期的に取り組んでいくことが肝要といえる。

（執筆　藤井　享）

参考文献
［1］櫻井敬三（2019年）『イノベーション創成の研究開発マネジメント』文眞堂
［2］Langlois.R.N（2003）"The Vanishing Hand：The Changing Dynamics of Industrial Capitalism" Industrial and Corporate Change Vol.12 No2 pp351
［3］丹沢安治（2005年）「企業間連携と日本の製造業の新たな戦略―企業境界の再構築―経営の科学」

オペレーションズ リサーチ 9 月号 VOL50 pp35-41

[4] 藤井享（2008 年）「企業城下町（茨城県日立地区）の仮想工業団地にみる情報サービス化戦略の一考察」情報文化学会

[5] 日立製作所ホームページ https://www.twx-21.hitachi.ne.jp/（2023 年 1 月 20 日確認）

[6] 藤井享（2021 年）「デジタル化社会実現に向けた大手情報企業の組織戦略と戦略領域に関する一考察 —⑭日立製作所の事例から—」日本情報経営学会 Vol.41, No.2, pp.40-48

[7] 藤井享（2017 年）「超スマート社会（SOCIETY5.0）の実現に向けた協（共）創戦略とホスピタリティ・マネジメントの関係性に関する一考察」日本ホスピタリティ・マネジメント学会『HOSPITALITY』27, pp55-64

[8] 内閣府総合科学技術・イノベーション会議「第 5 期科学技術基本計画」https://www8.cao.go.jp/cstp/kihonkeikaku/index5.html（2023 年 1 月 20 日確認）

[9] Vargo, Stephen L. and Robert F. Lusch（2004）, "Evolving to a New Dominant Logic for Marketing," Journal of Marketing, Vol. 68, No. 1

[10] 野中郁次郎，竹中弘高（2010 年）『知識創造企業』（梅本勝博訳）東洋経済新報社

第3章

社会課題の解決を事業化
（社会に目配りして生産する）

　近年，「SDGs（Sustainable Development Goals, 持続可能な開発目標）」や「ESG（Environment（環境）・Social（社会）・Governance（企業統治）経営」への関心が高まり，企業活動にこうした社会目配りの視点を取り込むことで，持続可能な社会への対応がますます重要になってきている。企業が社会の中で存続し，持続的に成長していくためには，経済的価値だけでなく，社会的価値の創出が求められる。

　企業が提供する社会的価値は，製品・サービスを社会に提供する「企業の使命・存在意義」としての概念から，企業活動を通じた環境・社会に及ぼす影響への配慮と対応である「企業の社会的責任」，さらに，今日では事業活動を通じて社会課題を解決し持続可能な社会構築に向けた「社会的価値創造」すなわち本章題名の「社会課題の解決を事業化へ」と変化している。

　本章では，中小企業にとって，社会価値と経済価値の両立に取り組み，さらに社会課題の解決を事業化する社会目配り生産への変革を考えてみたい。まず，企業に社会的価値の創出が期待されるようになってきた背景を概観する。その上で，社会的価値創造に向けて，企業に求められる ESG への対応，SDGs を中小企業の経営にどのように取り入れるかについて述べる。

　SDGs の広がりとともに，また ESG 経営の浸透と並び，従来の「企業が利益を得た中で社会に還元する」という CSR（企業の社会的責任）の位置づけであったが，現在はより戦略的に捉え，中小企業が「社会的価値創出と経済的価値創出を両立させる」CSV（共有価値）経営への導入すべき道筋などを提言する。

　最後に，社会的価値創造の展開について，CSV の再考，企業戦略視点でダイナミック・ケイパビリティについて述べた後で，中小企業が持続的成長をするために SDGs を生かす仕組みの1つである戦略的インテリジェンスによるイノベーション創出について言及する。

1　なぜ社会目配りを求めるか？

　CSR（Corporate Social Responsibility）とは「企業の社会的責任」や「企業の社会貢献」という概念で，「企業が活動の基盤とする社会との関わりにおいて負う責任」と理解でき [1]，古くから日本の企業経営に根付いていると言われてきた。例えば，近江商人の商売の基本である「売り手よし，買い手よし，世間よし」の「三方よし」の精神は，社会課題を捉えて多くの老舗企業が持続的に成長・存続するための経営基盤となることから，CSR の理念に合致する考え方と言える。

　企業活動のグローバル化が加速し，CSR の価値観の重要性が高まり，2010年11月に社会的責任に関する国際規格「ISO26000」が発効された。また，近年は地球温暖化，気候変動，資源の枯渇による異常気象や災害が頻発しており，環境の変化へ対応は待ったなしとなり，環境に配慮した経営が必須となってきた。さらに企業の不祥事がたびたび起こることにより，株主，顧客，従業員，地域社会などを含めたステークホルダーの不信感を払拭する必要も出てきた。そこで，これらの問題を解決するため，環境保全だけではなく，企業価値を高め，企業の社会への目配りをすることが求められるようになった。

1.1　CSR（企業の社会的責任）から ESG（環境・社会・企業統治）経営へ

　経済成長と環境問題のバランスに関して，2006年に国連が「責任投資原則（PRI）」を発表後，機関投資家を中心に ESG（環境（Environment），社会（Social），企業統治（Governance））の3分野が注目されるようになった。

　ESG 投資は，SRI（社会的責任投資）と CSR（企業の社会的責任）をセットで考え，環境，社会，企業統治の3分野での企業の取り組みを評価して，長期的に収益が見込めるかを見極める手法である。ESG 投資の判断においては，財務情報に加え，ESG への取り組みを示す非財務情報が重要であり，企業に対して非財務情報の積極的な開示が求められる。

　一方，市場で資金を調達する企業にとっては，ESG 経営を実施すれば，投資家の支援によって社会的評価の向上が期待でき，企業の持続可能性を高める

ことができる。そのため，短期的な利益ではなく，将来も見据えて，企業が長期にわたり生き残るにはサステナビリティの観点を経営に取り込む必要がある。今後予想される厳しい経営環境のなかで，環境問題からCSR（企業の社会的責任），そしてESG（環境・社会・企業統治）まで，一貫したステークホルダーとの協調による社会そのものの再構築を配慮することが求められる。

1.2　CSR（企業の社会的責任）からCSV（共有価値の創造）へ

　新時代の企業経営の在り方として，いかに社会的価値の創出ができるかは重要な経営課題となる。

　企業活動の中に経済的価値を創造しながら，社会的ニーズに対応することで社会的価値も創造するというCSV（共有価値の創造）のアプローチ［2］が広がった。CSVとは，「Creating Shared Value」の略で，「共有価値の創造」，「共通価値の創造」等と訳される。あくまでも事業からの視点で捉えた活動であり，企業における社会問題への取り組みは，事業活動で得た収益を基にした寄付や奉仕活動などを中心に，CSRの視点から進んできた。企業の事業を通じて社会的な課題を解決することから生まれる「社会価値」と「経済価値」を両立させることとしている。

　CSVを提唱したポーターは「製品と市場を見直す」，「バリューチェーンの生産性を再定義する」，「企業が拠点を置く地域を支援する産業クラスターを創出する」という3つのアプローチがあるとしている。その骨子を下記する。

(1)　製品と市場を見直す

　自社の製品やサービスを見直し，既存事業がどのような社会課題の解決に繋がっているのか検討し，新しい商品やサービスを生み出すことにより，社会価値と経済価値の両立を図ろうとするものである。また，純粋に新しい商品・サービスを生み出し社会的な課題に対応するだけでなく，新しい市場を開拓したり，市場を拡大したりすることによって，企業価値を創造する必要がある。

(2)　バリューチェーンの生産性を再定義する

　自社のバリューチェーンを見直すことにより，社会価値と経済価値の両立を図ろうとするものである。企業のバリューチェーンを見直すことにより，社会的な課題を解決すると同時に，コスト削減などの企業価値の創造が実現される

ことが可能になる。
(3) 産業クラスターを創出する
　バリューチェーンは，製造工程から販売までのプロセスである。自社が企業価値を高めるため，企業の生産性やイノベーションに影響を与えるクラスターを形成することで，社会的な課題の解決を図ろうとする。
　企業の目的は利益を追求し，経済的価値を生み出すことにある。CSR（社会的責任）は社会貢献の意味合いが強く，事業活動とは無関係の奉仕活動なども含まれ，必ずしも利益につながらないこともあった。一方，CSV（共有価値の創造）は企業事業活動と関係があるものになり，そのため企業は社会的貢献と利益の追求を同時にできるのである。CSRとCSVとは別物である。ここで整理しておく（図表3-1）。

図表 3-1　CSR（企業の社会的責任）と CSV（共有価値の創造）の相違点

CSR	CSV
企業の社会的責任	共有価値の創造
企業はステークホルダーからの要請に対して，社会課題を適切に対応する責任を持つこと。	企業の事業を通じて，社会課題を解決することによって，社会価値と経済価値の両方を創造すること。

出所：著者作成

　どちらも社会貢献につながると言えるが，CSRは企業価値を維持するに対して，CSVは社会的な課題解決を通じて企業価値を高めていくための活動と言える。
　CSV経営は社会課題を事業に繋げることが前提であるが，環境問題や貧困の解決など社会的課題は一社で解決できることは容易ではない。そのため他企業との連携やステークホルダーへの説明，理解などが必要になる。
　2015年にSDGsが提示されて以降，ポーターが提唱したCSV概念で，経済価値と事業を通じて社会課題を解決する社会価値の両立の考え方がさらに広がってきたと考えられる。

図表 3-2　SDG グローバル指標（SDG Indicators）

目標 1　貧困をなくそう	目標 10　人や国の不平等を無くそう
目標 2　飢餓をゼロに	目標 11　住み続けられる町づくりを
目標 3　すべての人に健康と福祉を	目標 12　つくる責任つかう責任
目標 4　質の高い教育をみんなに	目標 13　気候変動に具体的な対策を
目標 5　ジェンダーの平等を実現しよう	目標 14　海の豊かさを守ろう
目標 6　安全な水とトイレを世界中に	目標 15　陸の豊かさも守ろう
目標 7　エネルギーをみんなにそしてクリーンに	目標 16　平和と公正をすべての人に
目標 8　働き甲斐も経済成長も	目標 17　パートナーシップで目標を達成しよう
目標 9　産業と技術革新の基盤をつくろう	

出所：United Nations
　　　https://www.unic.or.jp/files/sdg_poster_ja_2021.pdf

1.3　持続可能な開発目標（SDGs）の潮流

　企業やステークホルダーの目線から考える ESG に対し，次に登場した SDGs は企業を中心としつつ国や消費者も含めた考え方である。

　持続可能な開発目標（SDGs：Sustainable Development Goals）とは，2001 年に策定されたミレニアム開発目標（MDGs）の後継として，2015 年 9 月の国連サミットで採択された。持続可能な世界を実現するための 17 の目標（図表 3-2）と 169 のターゲットから構成され，地球上の「誰一人取り残さない（No one will be left behind）」社会の実現を目指して，経済・社会・環境をめぐるさまざまな課題に対し，企業をはじめ，すべての関係者の取り組みが求められている。

　日本では官民を挙げて SDGs の取り組みが加速している［3］。2016 年 5 月に内閣総理大臣を本部長とし，全閣僚を構成員とする「SDGs 推進本部」が設

置され，同年 12 月に「SDGs 実施指針」が策定された。2017 年から毎年，8つの優先課題に基づき，政府の施策のうちの重点項目を整理した「SDGs アクションプラン」を策定している。また，2020 年 12 月，「SDGs アクションプラン 2021」が策定され，さらに 2021 年 6 月には「自発的国家レビュー（VNR）」が発表されるなど，企業などの経営戦略への SDGs の適用の取り組みを推進している。

それとは別に経済産業省においては，2018 年 11 月に「SDGs 経営/ESG 投資研究会」が立ち上がり，国内外の SDGs 経営の成功事例に焦点を当て，『SDGs 経営ガイド』[4] が取りまとめられた。企業が ESG（環境・社会・企業統治）に配慮しながら活動を進めれば，結果として SDGs で定められている目標達成を実現できる。そのため，企業が ESG や SDGs に取り組む際は，両方を取り組む必要があることになる。図表 3-3 にその相違点をまとめる。

図表 3-3　ESG と SDGs の違い

	ESG	SDGs
定義	環境・社会・企業統治	持続可能な開発目標
主体	企業，団体	政府，機関
目的	企業価値持続的な向上	社会の持続可能性を実現

出所：著者作成

2　中小企業は SDGs に取り組めるか

2.1　中小企業の取り組み状況

図表 3-4 は帝国データバンクが 2020 年と 2021 年 6 月に全国 2 万社以上の企業を対象に，SDGs に関する企業の取り組みに関する考え方について調査を実施した集計結果である（2021 年度は有効回答企業数 1 万 1,109 社（回答率 46.8％））[5]。図表 3-4 では，棒グラフの上段が 2020 年で，下段が 2021 年である。SDGs に積極的な考えを持つ企業の割合が，2020 年が 24.4％であったのが 2021 年には 39.7％に上昇している。その要因は「言葉も知らない」や「分からない」の比率が 1 年間の間で減ったことで，その方々が SDGs への取

図表 3-4　SDGs への理解と取り組み

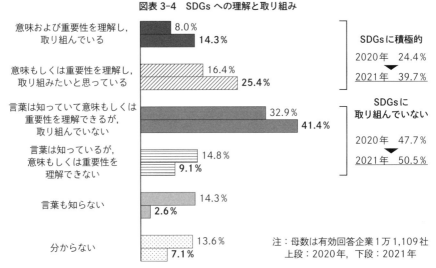

出所：帝国データバンク（2021）

り組みに積極的になったことが読み取れる。ただし，詳細に見ると取り組んでいるは 14.3％ で，取り組みたいと思っているが 25.4％ で，残念なことに，まったく取り組んでいないと重要性を理解できないとの総和が 50.5％％ であった。SDGs 理解は決して高い水準ではない。

　なお，この調査から，SDGs に積極的な企業において，大企業では 55.1％ となり半数を上回っているのに対し，中小企業では 14.3％ であり，依然として企業規模間に格差が生じていることがわかった。

　一般財団法人日本立地センターでは，中小企業 500 社の代表取締役を対象に，「2020 年度中小企業の SDGs 認知度・実態調査」の結果［6］によると，SDGs について認知している企業の構成比は，前回調査の 15.8％ から 50.4％ へと大きく増加しており，近年の SDGs に対する認知の広がりが見受けられる。「SDGs の重要性・必要性を認識していながら，SDGs に取り組んでいない理由」として，「取り組む余裕がない」37.0％，「自社の事業活動に比べると優先度は低い」15.9％，「何から取り組めばよいかわからない」10.7％ の順に高くなっている。

2.2　すでに取り組んでいる中小企業の 17 目標の取り組みテーマ

　今日では，SDGs は世界共通の価値観であり，2030 年までの世界の「あるべき姿」を示している。今後，企業にとってはビジネスチャンスそのものでもあると考える。中小企業にとっても，SDGs は今後の「持続可能な成長」を実現する上で必要不可欠な要素となる。

　経済産業省では，中小企業等において SDGs を活用して自社の企業価値向上や競争力強化を実現している事例を取りまとめ，22 社の SDGs に取り組む中小企業等の先進事例を紹介している [7]。22 社企業が主に活動している SDGs 範囲を分析した結果を図表 3-5 に示す。

　複数回答結果であるが，SDGs の 17 目標のなかで，現在最も取り組んでいる項目では，「パートナーシップで目標達成する（目標 17)」，「つくる責任つかう責任（目標 12)」，「働き甲斐も経済成長も（目標 8)」が上位となっている。また，9 割の中小企業が既存市場での既存製品の革新を中心に SDGs 活動を展開していることもわかった。

　帝国データバンク（2021）の調査結果と比較すると，SDGs の 17 目標のなかで，大企業では力を入れている項目では，「働き甲斐も経済成長も（目標 8)」が 32.0％で最も高かった（複数回答）。今後最も取り組みたい項目でも同様に「働き甲斐も経済成長も」が 15.4％でトップだった（単一回答）。いずれの項目でも「エネルギーをみんなにそしてクリーンに（目標 7)」や「つくる責任つかう責任（目標 17)」が上位となっている。

2.3　どうすれば中小企業が SDGs を実践できるか

　一般的に，中小企業が SDGs に取り組む際，資金面や人材面が制約になると言われるが，事業領域も限られているため，事業活動と SDGs をどのように経営に取り込むかが課題となる。

　中小企業が SDGs に取り組む方法は，自社の事業内容や特徴に合わせて選択すべきである。

　① SDGs と自社のミッションやビジョンを関連付ける

　② SDGs の目標から自社が重点的に取り組むべきものを選定する

　③ SDGs への取り組み目標や計画を策定する

図表 3-5　SDGs に取り組む中小企業等の先進事例の分析

企業名称	都県名	業種	1	2	3	4	5	6	7	8	9	10	11	12	13	14	15	16	17
株式会社茨城製作所	茨城県	製造業	1			1	1			1	1			1	1				1
株式会社諸岡	茨城県	製造業							1	1	1			1	1				1
有限会社ワールドファーム	茨城県	製造業	1	1	1		1	1	1	1	1	1		1			1	1	1
木内酒造株式会社	茨城県	製造業						1	1	1			1	1	1			1	1
カネパッケージ株式会社	埼玉県	製造業	1			1				1	1			1	1		1	1	1
株式会社SAMURAI TRADING	埼玉県	製造業								1				1	1		1		1
ウォータースタンド株式会社	埼玉県	物品賃貸業			1								1	1	1				1
カルモ株式会社	東京都	製造業					1	1		1	1		1	1	1	1	1		1
株式会社TBM	東京都	製造業	1		1		1		1	1	1		1	1	1	1	1		1
ホットマン株式会社	東京都	製造業	1	1	1	1	1	1		1	1			1	1		1		1
株式会社ワンプラネット・カフェ	東京都	製造業		1	1		1	1	1	1	1		1	1	1		1	1	1
hap株式会社	東京都	製造業				1				1				1	1		1		1
日本エコテックス株式会社	東京都	製造業			1	1			1	1		1		1	1		1		1
雪ヶ谷化学工業株式会社	東京都	製造業	1		1	1	1		1	1		1	1		1				1
株式会社大川印刷	神奈川県	製造業	1	1	1	1	1	1	1	1	1		1	1	1		1		1
日本理化学工業株式会社	神奈川県	製造業								1			1	1					
齋藤木材工業株式会社	長野県	製造業			1					1				1		1			1
信州吉野電機株式会社	長野県	製造業							1	1	1	1	1	1				1	1
株式会社長野車体	長野県	製造業			1						1			1		1	1	1	1
株式会社水島郵店	長野県	卸売業									1			1	1		1		1
株式会社山翠舎	長野県	建設業	1	1	1	1	1		1		1		1	1	1	1	1		1
エネジン株式会社	静岡県	燃料小売業	1							1						1	1		1
合計			8	5	10	10	8	8	10	21	15	6	12	21	17	12	15	6	21

出所：[7] を基に筆者作成

④ SDGs への取り組み内容や成果を発信する

などに取り組むことにより，新商品や新サービスの開発，新たな販路の開拓，社会的認知度の向上，取引先・消費者からの信頼の獲得など，企業の価値向上・競争力の強化につながる可能性があると考えられる。

　持続的な社会の実現のために，経営課題を SDGs の 17 の目標の 1 つ以上と結びつければ，顧客や従業員，ステークホルダーとの繋がりを強化でき，ESG 投資を介して資金調達を有利に運ぶこともできる。これが本章の主題である「社会課題の解決を事業化」である。

　SDGs が目指している持続可能でよりよい社会の実現には，製造業が密接に関わっている。例えば，エネルギーや環境問題に配慮するためには，より少ないエネルギーで稼働する製品を開発・製造する。環境汚染につながる廃棄物を出さないように，リサイクル活動やエコ商品を生産，使用する。SDGs 目標 9「産業と技術革新の基盤を作ろう」，目標 12「つくる責任つかう責任」，目標 13「気候変動に具体的な対策を」に当たる取り組みである。

　モノづくり中小企業の場合も，今の時代，QCD（品質・原価・納期）だけでは生き残れない。近年では SDGs をはじめとする社会的課題の解決に取り組んでいるかどうかが，企業の評価基準にもなってきた。社会課題を解決（社会的価値の創造と実現）するためには，イノベーションを通じた新たな技術やビジネスモデルの創出がカギとなる。中小企業の場合，イノベーションを「協創」していく発想が必要となる。新規事業に取り組む際に自社の技術だけでは足りなければ，オープンイノベーションの促進や，自社のバリューチェーンの見直しにより，社会的な課題を解決すると同時に，コスト削減などの企業価値の創造が実現されるよう模索を続ける必要がある。複数の目標をつなげ，事業の持続可能な成長と社会貢献を両立するにあたっては，SDGs の 17 番目の目標「パートナーシップで目標を達成しよう」を推奨する。

　これまで見てきたように，企業が提供する社会的価値への考え方は時代と共に変化してきたと言える。経営の在り方の視点では CSR ➡ CSV ➡ SDGs，経営の進め方の視点では ESG（環境・社会・企業統治を考慮した）経営➡ SDGs（持続可能な）経営への流れがある。企業の社会的責任，社会の持続的発展に対する企業への期待，SDGs などの社会からの要請を受ける中，CSV，ESG 投

図表 3-6　CSR から社会的価値創造への潮流

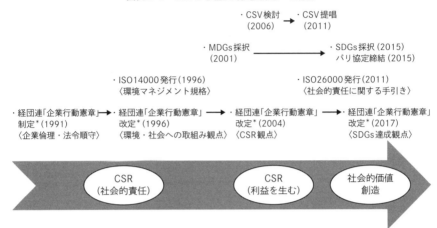

出所：南崎など［8］をもとに著者作成

資，企業がもたらす社会目配りの内容は，倫理的，経済的部分も含めて多義的になってきた。そして，社会課題解決を通じて経済的価値を創造することが求められるようになってきた。図表3-6は具体的に実施されてきた世界の流れを俯瞰したものである。

3　社会的価値創造の展開

3.1　CSV（共有価値の創造）の再考

　過去にはCSR（企業の社会的責任）は環境保全についての活動を指すことが多かったが，近年，SDGs（持続可能な開発目標）に基づくCSRが求められ，環境保全だけでなく，貧困や格差解消，ジェンダー平等，社会的インクルージョンなどの社会課題の解決に取り組むことが求められている。そのような中，社会的な価値と自社の利益を両立した「CSV経営」も注目されている。

　IoT（モノのインターネット）やAI（人工知能），ビッグデータの活用によりもたらされる第4次産業革命により，企業の競争環境が大きく変化し，競争力の源泉が有形資産から無形資産へと変化し，無形資産への戦略投資の重要性が高まっている。こうした観点を踏まえつつ，本業として主体性を持って社会

問題の解決に取り組む CSV は，無形資産投資等 ESG 投資を投資家に呼び込み，SDGs の目標を達成するのに有効な戦略と言える。

　CSV 経営は社会貢献の効果が高いと言えるが，貧困や格差などの社会問題に取り組むには，1 社のみではどうしても限界がある。社会全体の貧困問題を解決するためには，他の企業や政府機関，他社と連携し社会全体として取り組むことが必要である。

　CSV 経営である一定の結果を出すためには，株主や取引企業などステークホルダーの理解を得ることが大切である。これらの取り組みを実施することによって，中小企業は CSR や ESG 投資などの分野からの認知度向上，また顧客や投資家からの支持を得ることができる。さらに，SDGs に関連する情報開示や報告の適切な実施によって，企業価値向上につながる。

3.2　ダイナミック・ケイパビリティ（企業変革力）

　変化がなく安定成長している時代にはオーディナリー・ケイパビリティの発揮[1]で良かったが，今日ではグローバル経済で，企業の置かれている環境は不確実で激変を伴う経済環境にあり，このような時にはダイナミック・ケイパビリティの発揮[2]が求められる。

　より一層不確実性が高く変化の激しくなった経営環境で，中小企業は持続的に成長させるための条件は何だろうか。歴史を振り返ると，危機において企業は，環境変化に迅速に対応でき，かつ果断な意思決定により行動することが新たな競争環境を勝ち抜く重要な成功要因となる。

　2020 年の「ものづくり白書 2020」の中でダイナミック・ケイパビリティ理

1　同じ顧客に同じ製品・サービスを提供するために，同じ技術を使い，同じ規模で企業が活動する能力のことであり，現状を維持する能力という意味で，オーディナリーだという。それは，また安定した状態に対応する能力であり，ルーティンをつくる能力でもある。さらに，それは企業の利益最大化行動に関わるルーティンを形成する能力でもある。(https://dhbr.diamond.jp/articles/-/3437?page=2 参照 2023.3.19 検索引用)

2　大きな変化に対応して企業の活動全体を変えたり，企業活動を拡張したりする能力のことである。それゆえ，既存のオーディナリー・ケイパビリティも変化させる能力である。この意味で，ダイナミック・ケイパビリティはオーディナリー・ケイパビリティよりも高次のメタ・レベルの　ケイパビリティであるといえる。(https://dhbr.diamond.jp/articles/-/3437?page=2 参照 2023.3.19 検索引用)

図表3-7　オーディナリー・ケイパビリティとダイナミック・ケイパビリティの相違点

	オーディナリー・ケイパビリティ	ダイナミック・ケイパビリティ
目的	技能の効率性	顧客ニーズとの一致 技術的機会やビジネス機会との一致
獲得方法	買う，あるいは構築（学習）する	構築（学習）する
構成要素	オペレーション， 管理，ガバナンス	感知，捕捉，変容
ルーティン	ベスト・プラクティス	企業固有の文化・遺産
経営上の重点	コストコントロール	企業家的な資産の再構成とリーダーシップ
優先事項	ものごとを正しく行う	正しいことを行う
模倣可能性	比較的模倣できる	模倣できない
結果	効率性	イノベーション

出所：ティース『ダイナミック・ケイパビリティの企業理論』
（中央経済社，2019年），経済産業省「ものづくり白書2020」

論を取り上げられ，「変化に対応して自己を変革する能力」の重要性を強く訴えている。ティース［10］は，ダイナミック・ケイパビリティを以下の3つの能力に分類している。

・感知（センシング）：脅威や危機を感知する能力
・捕捉（シージング）：機会を捉え，既存の資産・知識・技術を再構成して競争力を獲得する能力
・変容（トランスフォーミング）：競争力を持続的なものにするために，組織全体を刷新し変容させる能力

　オーディナリー・ケイパビリティとダイナミック・ケイパビリティの相違点を図表3-7にまとめる。

　現在，企業が事業活動を通じて与える経済的な影響だけでなく，社会や環境に与える影響も考慮し，長期的な企業戦略を立てて取り組んでいくことは，サステナビリティ経営（SDGs）とも言われる。環境対応から社会課題解決を加えたCSR経営，そして，CSR経営に「持続可能な開発（SDGs）」を加えた「サステナビリティ経営」とした根本的な考え方は「社会に目配り」であり，社会的価値の創出と言える。

3.3 戦略的インテリジェンスによるイノベーション創出と発信

　社会課題の解決に向けて，製品と市場を見直し，イノベーションを起こすことが重要である。自社にしかできない強みを生かして，社会貢献をきっかけに本業を大きく成長させることができれば，下請け企業の経営の自立化にも繋がる。そのためには下記説明する戦略的インテリジェンス活動が有効である。

　ここでは製品あるいは技術開発について言及する。知的財産活動における特許情報の収集，分析，そして技術モニタリング，技術予測，技術スカウトなど手法が有用である。技術動向の予兆分析については，特許情報の分析に基づく技術動向調査は先端技術分野等の出願状況や研究開発の方向性を明らかにし，特許を申請する前の科学文献，学会専門誌など初期シグナルの技術情報収集が極めて有効かつ重要なものである。また科学技術動向の把握と先見性のある将来展望のため，論文データベース分析により国際的に注目を集めている研究領域を抽出し，可視化した「サイエンスマップ」を作成する方法がある。さらに新しい兆しや潜在的な課題についての情報を広く探索することを目的とした，ホライズン・スキャニングの手法も重要である。

　2021 年 11 月 25 日，国際標準化機構（ISO）は，新しい国際標準「ISO 56006：2021 イノベーションマネジメント―戦略的インテリジェンスマネジメントのツールと方法−ガイダンス」をリリースした（図表 3-8）。戦略的インテリジェンスは，データ，情報，知識を収集・処理し，意思決定者に伝達するための構造化されたプロセスの結果と定義している [11]。戦略的インテリジェンスサイクル（Strategic intelligence cycle）は，リスク削減と戦略的成長の両方を可能にすることで，この規格はさまざまな目的で使用できる。

　持続可能な社会を実現させるために，企業は自社の活動をステークホルダーや社会に伝えるべく報告書を発行する企業が増えている。企業のホームページを見ると「CSR 活動」を記載している企業が多く，昨今は「CSR」よりも「SDGs」が目につくようになり，さらに「SDGs」と共に「ESG」もよく見かけるようになってきた。「社会の持続可能性に配慮した企業経営」の視点から，CSR，SDGs，ESG の違いと関係性に触れながら，サステナビリティ情報の開示も重要視される。SDGs は特別なことではなく，通常の経営改善の中にある身近なものということを感じ取っていただければ幸いである。

図表 3-8　戦略的インテリジェンスによるイノベーション創出

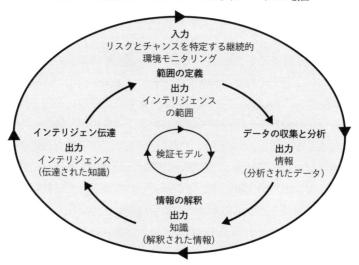

入力
リスクとチャンスを特定する継続的
環境モニタリング
範囲の定義
出力
インテリジェンス
の範囲

インテリジェン伝達
出力
インテリジェンス
（伝達された知識）

検証モデル

データの収集と分析
出力
情報
（分析されたデータ）

情報の解釈
出力
知識
（解釈された情報）

出所：［11］ISO 56006：2021 をもとに著者作成

（執筆　高橋文行）

参考文献

［1］　萩原愛一（2005 年）「企業の社会的責任（CSR）：背景と取り組み」，『国立国会図書館 ISSUE BRIEF』No.476。

［2］　Porter, M. and M. Kramer（2011）"Creating Shared Value：Redefining Capitalism and the Role of the Corporation in Society", Harvard Business Review, January and February 2011.（「共通価値の戦略」『DIAMOND ハーバード・ビジネス・レビュー 2011 年 6 月号』ダイヤモンド社）。

［3］　外務省国際協力局（2022 年）「持続可能な開発目標（SDGs）達成に向けて日本が果たす役割」。https://www.mofa.go.jp/mofaj/gaiko/oda/sdgs/pdf/SDGs_pamphlet.pdf（2023.01.10 閲覧）。

［4］　経済産業省（2019 年）『SDGs 経営ガイド』。

［5］　帝国データバンク（2021 年）「SDGs に関する企業の意識調査」https://www.tdb.co.jp/report/watching/press/pdf/p210706.pdf（2023.01.10 閲覧）。

［6］　一般財団法人 日本立地センター（2021 年）「2020 年度 中小企業の SDGs 認知度・実態等調査」。

［7］　経済産業省「SDGs に取り組む中小企業等の先進事例の紹介」https://www.kanto.meti.go.jp/seisaku/sdgs/sdgs_senshinjirei.html（2022.10.1 閲覧）。

［8］　南崎紀子，矢島茂，高橋文行（2020 年）「CSR から社会的価値創造への潮流と企業の持続的成長に向けた対応」日本経済大学大学院紀要 10（1）pp.17-28。

［9］　経済産業省（2020 年）『2020 年ものづくり白書』。

［10］　D・J・ティース（2019 年）『ダイナミック・ケイパビリティの企業理論』中央経済社。

［11］　ISO 56006：2021「イノベーション管理―戦略的インテリジェンス管理のためのツールと方法―ガイダンス」。

第4章
下請業務からの訣別
（真のパートナーシップで生産する）

　日本の中堅・中小製造企業は，大企業や親企業とのパートナー関係について，いつまで経っても下請型の企業の状態が続き，その現状から脱却できない状態が長く続いている。

　そこで，本章ではまず，下請企業構造化に対する国の対応を過去発刊された『中小企業白書』と直近5年間に実施された『中小企業庁の施策』に簡単に触れた後，戦間期から続く下請構造の解消は下請法があるとしてもなくならないとし，問題な親企業（大企業）との訣別をすることしかないと結論づけた。

　その上で，なぜ日本には下請企業が多いのかの理由を2つ挙げた。その1つは大企業がコア技術を持たず，その製造についても協力企業任せであること，そして2つ目は下請構造による抜本的施策ではなく中小企業を金銭的に支援するいわゆる補助金制度が充実していることを示した。また，下請企業のいじめについて，下請法に触れる取引上の中小企業への圧力（例えば指値）だけでなく，社会や地域全体での問題点を実際の例で説明した。

　2020年の中小企業庁のレポート「パートナーシップの現状と課題」で示された，いわゆるヒエラルキー型の『大企業牽引モデル』から大中小の各企業のいずれかの企業が新たに示した価値に基づき，価値を通した新たな企業間の結び付き『複層化したバリューチェーンモデル』を志向する考え方を紹介（図表4-3　Bモデル参照）し，その理念に基づき，どうすれば中小製造企業の社長さんが新たな道（上記の問題な親企業との訣別）に踏み出せるかを検討した。

　その1方法として筆者櫻井が2022年実施調査した結果を基に「従属的下請企業」から「自立型下請企業」へ，または「従属的下請企業」から「自主独立型企業」への変革検討に役立つ道筋をチェックリストで確認し，調査結果と見較べ方向性を明確化する方法を示すことで社長さんの新たな事業発展方向性（下請企業からの確実な脱却シナリオ）を提示した。この内容は第6章の改革の進め方そのものでもある。

　外部コンサルタントや評価機関に頼りがちであるが，自社を一番把握，理解できるのは，製造企業の社長さん自らである。自社の技術，商品，サービスは何か，国内や海外の市場ではどのように評価されているのか，取り巻く社会環境に対して自社の位置づけを掴んでみることが重要である。

1　今までの下請企業構造化とその対策

　第1章図表1-1のC領域の記述で『下請企業構造化』を指摘したが，それを支える要因として，相対的に規模が大きな企業が比較的小規模な企業に対し行う取引において，大企業側が小規模企業側に『指値』と称し「この価格で受注せよ」と取引金額を強制する取引がある。この指値取引は，戦間期から問題化されてきていたが，戦後もずっと改まらず，GHQの管理下にあった時期にも指摘されたが，その改革には手が付けられなかった。GHQがいた7年間が過ぎ，その後さらに4年経った1956年に漸く『下請法』が制定され，公正取引委員会（1947年創設）が，違反行為に対する勧告をすることとなった。なお中小企業庁は1948年に当時の商工省（現経産省）の外局として発足しており，下請法制定後の1956年以降，その違反行為の処置請求を公正取引委員会に提出することになっている。————

　制定後面々と70年近く継続実施されてきている。しかし，表面上は激減しているが，中小企業への実態調査によるとなくなっていないのである。だから本章では『真のパートナー関係の構築を』と呼びかけ，かつその方策を模索するのである（図表4.1参照）。

2　中小企業を取り巻く環境変化と国家の対応

　経営学者の多くの方は，中小企業を論じる時には現経産省配下にある中小企業庁が毎年発刊する『中小企業白書』のアンケート調査結果やその結果に対する分析内容を基に論じることが多い。その理由は，中小企業の業種が多岐に渡り，かつ小規模であることから，なかなか，一人の研究者が全業種に渡りアンケート調査やインタビュー調査をすることができないからである。その点，本白書は，時の政府の方針に従った目的調査が可能であるためアンケート調査なども機動的に上位下達で実施でき，データ収集が可能である。筆者櫻井は，中小企業に関して日本国家がどのような見解とその対応をしてきたかを本章の首題に関して再チェックしてみることとした。下記に『中小企業白書[1]』の過去

50回発行内容を基に国家の見解と対策を整理する [1]。なお，直近の5年間（2017年以降）は中小企業庁が取り組み出した施策（「特定下請連携事業」と「大企業と中小企業との新たなパートナーシップ構築」）についてまとめる。

　なお，ここではその全容を把握するため，大まかな概要を時系列で見ていくことにする。

2.1　日本の高度成長期とその後の安定成長期の課題と対策

　1964年から1986年までの22年間である。日本が戦後の復興を遂げ，「ジャパン・アズ・ナンバーワン」と称賛された時代である。この時代も仔細に見ると，3つに分けられる。

(1) 高度成長（平均9.1％／年）時代（1964年〜68年）

　大企業との格差がクローズアップされ，具体的には設備の近代化の遅れが今後の発展の妨げと認識され，近未来に来ることが想定される国際競争に打ち勝つことが急務との課題が示された。この課題解決として，現在も継続実施されてきている ① 設備導入資金の支援，② 経営合理化の指導が重点施策となった。ここでは大企業と中小企業間の取引についての問題をクローズアップすることはなかった。

(2) 高度成長から安定成長への変化時代（1969年〜79年）

　(1)時代の施策の成果が出たことにより，中小企業が大企業との格差が確実に縮小（設備，技術や経営取り組み意欲）し日本経済発展の一翼を担う役割が期待されるレベルと自画自賛した。一方，対外的には変動相場制への移行や円高の影響などの懸念，発展途上国の追い上げ，欧米先進国の中小企業の高い賃金水準との相違を挙げ，近未来，欧米並みの水準まで上げることが望まれるとしたのである。なお，ここでも大企業と中小製造企業間の取引についての問題は大きく論じられることはなかった。

(3) 安定成長（平均4.2％／年）時代（1980年〜86年）

　国民所得の向上を基軸に消費者ニーズの多様化，アジアNIEsとの競合関係

1　中小企業白書は1963年7月に中小企業基本法が制定され，その翌年の1964年度から中小企業庁が監修する形で毎年発刊されてきた。

に打ち勝つために中小企業が構造変革を円滑に実現する大きな原動力になった
としている。また，「生産工程での IT 化」に中小企業が意欲的に取り組んだ
ことや「地方の時代」に対応できるのが中小企業であると持ち上げている。な
お，ここでも大企業と中小製造企業間の取引についての問題は大きく論じられ
ることはなかった。

➡以上の (1) 時代と (2) 時代と (3) 時代では，大企業と中小製造企業間の取引に
　ついての問題は，日本経済が潤っていた時期であったことから，大きく論じ
　られることはなかった。

2.2　バブル経済期と崩壊後の課題と対策（1987 年〜93 年）

　本対象期間は，本書の序章 2 節で取り上げた日本のバブル期とその崩壊期で
ある。この頃を境に大企業と中小企業の取引についての関係性を論じ始めてい
る。バブル期は，親企業である大企業と中小企業の間で広範な分業関係（単品
部品発注から完成品発注（OEM 生産））が発達したことで日本の経済発展と
活力維持に貢献しているとし，下請企業間取引が有効であると取れる論調で
あった。

　次に来たバブル崩壊期は国家が非常事態になった中で，中小企業はそれまで
に蓄積した技術力を生かし，① 複数の親企業へのアプローチを試み下請取引
を分散化する企業群と ② 自社製品を開発し下請取引依存からの脱皮を図る企
業群が現れたとしている。大幅な環境変化に適応する下請だった中小企業の新
たな姿として『白書』に紹介されている。本当だろうか？

➡バブル崩壊を期に『中小企業白書』においても下請取引に関する大企業と中
　小企業の関係性を再認識した上で，それを乗り越えようとしている中小企業
　は，① 複数大企業との取引開始，② 下請企業からの脱皮の 2 方向であった
　としている。

2.3　日本の失われた 20 年の課題と対策（1994 年〜2013 年）

　これがバブル崩壊後の「日本の失われた 20 年」と言われる時期に相当す
る。『白書』は国が発行する書物であるので，政府施策を否定する記載はな
い。しかしながら，国内市場の低迷を受けて，① 大企業は海外生産，② 海外

調達を加速させたことが，日本国内の「空洞化」につながったとし懸念を表明している。それに号して国内企業，とりわけ中小企業の廃業が開業を大きく上回り，「産業の空洞化」という表現で，このままだと日本の製造業は崩壊するとの危機意識を示している。具体的に東京の城南地区や東大阪地区を挙げ，伝統的な製造企業群の衰退傾向に懸念を表明している。

　このような中で1999年12月に『中小企業基本法』の改定がなされた。その骨子は「多様な活力ある中小企業の成長・発展」を歌い上げている。これは，「新たな起業」を支援する動きであった。

➡日本経済の見通しが厳しい中で，「産業の空洞化」「新たな起業」の認識が示され，日本の中小企業の取引先相手である大企業の衰退が国際市場で色濃くなってきた現実に鑑み，困り果てている中小企業政策が見えかくれしている。例えば，2000年度の『白書』では起業や経営革新を実現し成功した中小企業を165社も紹介している。これが困窮している中小企業政策への焦りを表しているように筆者櫻井は思える。

2.4　2017年以降の中小企業庁が取り組み出した施策

　以下では，中小企業庁が実施している「(1)特定下請連携事業」と「(2)大企業と中小企業との新たなパートナーシップ構築」について簡単に言及したい。両施策とも中小企業が新たな取引先を獲得する手立ての1つであることから，ここに記載しておく。

(1)特定下請連携事業（2018年）

　下請中小企業や小規模事業者の自立化に向けた支援が本事業である。前述したように，大企業が海外展開し，海外から部品を調達することで下請の仕事がなくなった場合を想定しての対策の1つである。目的は下請中小企業の取引先の拡大である。下請中小企業振興法（2013年9月改定）を適用したもので，適用内容は，① 新製品の開発，② 新生産方法を導入し新事業を行うため既存の親企業（大企業）以外の取引先との新たな開始・拡大をするための資金支援事業である [2]。

➡下請企業（中小製造企業）の新たな取引先の拡大化策である。

(2) 大企業と中小企業との新たなパートナーシップ構築（2020年）

　未来を拓くパートナーシップ構築推進会議（2020年5月）の答申に基づく活動である。従来，大企業と中小企業との取引は双方の自由意志で行われ，その取引の在り方を下請法で明確に規制し，それに従わない大企業は，罰せられるものであった。

　本パートナーシップ構築は，それとは違い，国難ともいうべき新型コロナウイルス感染症禍における大企業の協力と中小企業の強みを生かした双方 Win-Win のパートナーシップ活動を行うものである。

　その中核は「パートナーシップ構築宣言」である。取引先に対する取り組み姿勢を宣言するものである。具体的には ① サプライチェーン全体の共存共栄，② 規模・系列等を超えた新たな連携，③ 振興基準の遵守を具体的に記載し，代表権のある者の氏名を記載し，（公財）全国中小企業振興機構協会が運営するポータルサイトに掲載・公表するのである（2020年6月から公開）。下請法の取引適正化の重点5分野（① 価格決定方法，② 同法管理の適正化，③ 現金支払いの原則，④ 知財・ノウハウの保護，⑤ 働き方改革に伴うしわ寄せ防止）を明確に実行するのである。

　どうして，このような新たな施策を実施したかというと，図表4-1は2019年の帝国データバンク調査結果であるが，製造業においては，価格転嫁と発注側に対する協議申し入れの状況では，「転嫁できない」が33.3%（2,688社），「一部転嫁できた」が53.8%（4,341社），「概ね転嫁できた」が12.9%（1,045社）であった。また，同調査では労務費の価格転嫁状況では「特に転嫁できなかった業種」では，1位自動車業界（転嫁できなかった68.3%）で，全業種の平均も48.4%が転嫁できなかったのである［3］。

　すべての大企業が，この「パートナーシップ構築宣言」を提出してくれたのであれば，下請企業（中小製造企業）は全く心配がないのである。しかし大変残念なことだが，2022年2月時点で，日本に大企業が1万社以上あるはずだが，本宣言の提出企業数はわずか257社だけであった。

➡(1)と(2)の施策はやらないよりやった方が良いのであるが，中小製造企業にとって，それほど魅力的な施策とは言えない。(1)はそもそも下請企業（中小製造企業）が自ら新製品や新生産方法を導入する新事業を起こすというの

図表 4-1　価格転嫁と発注側に対する協議の申し入れ状況

| 製造業 | | 非製造業 |

概ね転嫁できた（n = 1,045）　-0.2%　-0.4%　80.1%　17.2%　2.1%
一部転嫁できた（n = 4,341）　3.5%　3.1%　79.3%　1.8%　2.2%
転嫁できなかった（n = 2,688）　35.3%　16.8%　25.0%　17.2%　5.7%
価格転嫁の協議ができていない（52.1%）

概ね転嫁できた（n = 1,246）　0.7%　0.7%　72.8%　23.9%　1.8%
一部転嫁できた（n = 4,257）　3.4%　3.4%　75.1%　16.0%　2.1%
転嫁できなかった（n = 2,675）　30.1%　14.1%　27.9%　21.9%　6.1%
価格転嫁の協議ができていない（44.2%）

0%　　　　　100%　　　　0%　　　　　100%

□ 発注側事業者に協議を申し入れることができなかった　■ 発注側事業者に協議を申し入れたが，協議に応じてもらえなかった
□ 発注側事業者に協議を申し入れ，協議に応じてもらった　▨ 発注側事業者に協議を申し入れる必要がなかった
■ その他

資料：(株) 帝国データバンク「令和元年度取引条件改善状況に関する調査等事業」
(注1)　1. 受注側事業者に対するアンケート結果のうち，製造業と非製造業を集計。
　　　　2. 直近1年間のコスト全般の変動について価格転嫁の状況と，発注側事業者に対する価格転嫁の協議の申入れの状況を確認。
出所：中小企業庁『パートナーシップの現状と課題』[3] より引用

だが，それができるぐらいなら当の昔にしているはずであろう。また(2)は2年経過後の宣言企業数はわずか257社しかなく，日本の大企業の不誠実さが露呈したものと思われる。

(3) 2017年以降の中小企業庁が取り組み出した施策と真のパートナー関係の実現との差異

前述した(1)と(2)は，新たな動きであったことは事実である。

(1)特定下請連携事業（2018年）では，図表 4-2 に示す通り，左図のような取引を行う際には図面のやり取りで行う方式だと『のこぎり型発注』となり，発注者側が大企業で，その仕事を受ける側が中小企業であると，個別対応となりどうしても下請企業構造化になる可能性が増大するのである。一方，右図のような『一貫生産受注』となれば，新たなコンセプトを基に自社意志で集まった中小企業が複数の発注者と向き合う形となり，大企業と中小企業が直接対峙することは避けられるのである。この推進役の真ん中に記載する事業者を中小企業庁が認定する制度であった。これならばパートナーシップは作られるかも

図表 4-2　のこぎり型受注と一貫生産受注の比較

出所：https://seihin-sekkei.com/words/nokogori と https://www.chusho.meti.go.jp/keiei/torihiki/shinko/kikai_sousyutsu.pdf を基に筆者修正

しれないが，発注者側（大企業）と受託者側（中小企業）にはワンクッションあり，本制度への共感は余り得られそうにないのである。

2.5　小括

　いつでもそうであるが，高度成長期や安定成長期であれば，どのような企業でも多少の利益率は悪くても，前年度よりは成長していくので我慢ができるのである。50 年分の『中小企業白書』の分析では，1964 年から 1986 年までの経済成長期では，表立って大企業と中小企業間の取引についての問題がクローズアップされなかったのである。それは，少数の下請いじめの大企業に公正取引委員会からお灸をすえてもらえば良かったのである。ところが，バブル崩壊後の 1990 年から 1993 年までは，『白書』でも大企業と中小企業の関係性を説明し，その時点では ① 下請側が複数企業と取引するか，② 下請企業からの脱皮の 2 方向性を選択せよとまで述べているのである。またバブル崩壊後の 20 年間は政府としては手の施しようもなく「産業の空洞化」と「新たな起業」のキーワードで，企業のあり方を述べるだけにとどまっている。国による良質な施策は明確にないように見える。また直近の 5 年間の施策（(1)特定下請連携事業，(2)パートナーシップ構築）も精神論でしかなく，実効性の高い施策とは到底思えないのである。図表 4-1 が極めつけであるが，諸般の事情で価格を上げたいと下請（中小企業）から親（大企業）に協議を申し入れても「転嫁し

てくれる」企業数は12.9％に留まり，残りの87.1％は「転嫁認めず」か「一部だけ認める」かなのである。また労務費の価格転嫁有無では日本で最も歴史があり，成熟していると思われる自動車業界が「ワーストナンバー1」なのである。これも下請構造が明確に存在する業界であり，日本らしい結果と見る。これを何とかしなければならないのである。

　結論から言うと，戦間期から続く，下請構造の解消など夢の夢と思われる。したがって，親（大企業）と子（中小企業）の関係において，子である中小企業が，問題のある親（大企業）と訣別するしかないと結論づけたい。そうする選択肢が今後の日本にとっての『真のパートナー関係の構築』になると思われる。要は問題の親（大企業）との商取引を断絶し，良識的な親（大企業）が国の中心にいる国家にしていくべきと考えたい。

3　なぜに日本は下請企業が多いのか

　首題に関して筆者櫻井は2つの理由があると考えている。

3.1　大企業がコア技術（基盤技術）を持たず，技術を軽視する風潮

　1つ目は，日本の製造業では規模の大小に関係なく明治維新以降，新たに生み出す製品や商品のほとんどが欧米の技術を模倣して製造のみ行う企業からスタートするケースが多かった。要は元々のコア技術（基盤技術）を持っていないのである。そのため，製造努力で品質を高め，生産時間短縮で納期を短くし，営業努力に注力し顧客対応力を良くし，何とか顧客から購入してもらおうと努力するのである。そもそも，そのコア技術を自ら生み出す努力が不足しているのである。近年でも，ティアダウンやベンチマーキング[2]と称し，コンサルタントの指導などを通して平然と競合他社製品の「真似」をし続けているのである。当然，その真似た部分のノウハウは「ただ取り」なのである。欧米で

---

[2]　ティアダウンとは競合他社製品を購入し，それを分解後コストダウンに有効な個所（材料・方法など）を特許等に触れない範囲で「真似る」こと。ベンチマーキングとは自社のビジネスプロセスの非効率な箇所を改善するため，他業界企業の同じプロセスについて優良・最高の事例（ベストプラクティス）と比較分析を行いその良いところを「真似る」こと。

はスタートアップしたばかりの企業のコア技術が自社にとって必要な場合には有償で供与を受けるか，企業ごと買収することが通例である。

　したがって，欧米ではコア技術を持つ企業はある程度，そのコア技術を基にした製品を生産し販売された時点で，自社で作り続けるかどうかを検討し，自社内の対象事業の業績を経営分析し，① 分社的分業，② 自発的分業，③ 専門的分業に分け対処する。その際，他社に生産を任せる場合には，自社の担当部門をその他社に譲渡する等の方策を取り技術移転することが多い。したがって，下請企業に作らせるという感覚ではないのである。ビジネスとしてそれ相当の技術と金銭的裏付けを持って対応するビジネス関係性を 2 社間で持つのである。日本の下請構造にある大企業と中小企業間のような，無償で貸し借りなどといった問題は一切ないのである。

　一方日本では大企業が，コア技術をただ取りすることから，製造もただ取りすることを前提に下請企業を集め，その企業に製造を託すのである。すなわち，技術がない分，「すべておまかせ」であるが，それだけにその下請企業への関わり方が「ねちっこい」のである。また，技術のただ取りシステムとして，「提案制度」などを設け，毎年ノルマまで設け，下請企業側に製造技術提案をさせるのである。

　上記のようなことが戦間期からずっと続き，その結果が日本の中小企業が下請企業化（全体に占める割合が多くなった）要因である。筆者櫻井が 2014 年に調査した技術力のある中小企業群 1400 社以上のアンケート調査結果からも約半数の企業がいまだに下請企業に属しているのである。

3.2　税金を財源に下請企業への補助金支給制度が充実している

　2 つ目は，日本には中央政府の経済産業省配下に中小企業庁があり，その出先機関として経済産業局や（独）中小企業基盤整備機構（中小機構）が各々全国に 9 箇所あり，その配下に都道府県の中小企業支援センタ―が全国津々浦々60 箇所ほど点在する。

　これとは別に小規模支援を目的とした日本商工会議所が全国に 515 箇所ある。さらにそれが細分化され 1750 余の商工会が存在する。また，横断的連携を目的とした全国中小企業団体中央会（47 箇所），全国商店街振興組合連合会

（47箇所）ある。さらに政府からの補助金政策の支援部門としての金融機関が多数連携し対応している。上記とは別に各都道府県には中小企業を支援する県単位の組織が多数存在する。

　上記した主団体が中央政府の中小企業政策の実施機関であるが，本当に有効に機能しているか疑問が残る（筆者櫻井談）。

　欧米では，日本のような組織はないが，実質的なスタートアップ企業支援を行う組織やシステムが充実している。いわゆるスモールカンパニーという日本語英語は存在しないのである[3]。

　日本では中小企業に，至れり尽くせりの対応が行われるが，そもそも起業のきっかけづくりやその資金や事業活動支援などの充実が大切であるが，上記の組織体の陣容では，そのような経験者が少ないことや一律管理ができないことから，なかなか良い組織や運営がなされていないのが実情である。

　以前，筆者櫻井の友人が，父親の中小製造企業を継承し，海外への進出のための補助金支援を受けるため上記機関主催のセミナーに参加すると，その修了後，「では申請手続きはこのコンサルタント企業と相談してください」とし，自動的に申し込むためには，その企業を通すことを指導されたと聞いたことがある。また筆者櫻井が関わった工場の生産性向上のプロジェクトでは日給1万円で，数回分しかなく，その支援は地方銀行の頼りない行員が担当し，まったくモノづくりのことなど知らないのである。このような組織体の運営で日本の血税を使用して良いものかと率直に感じた。ここで言うところの範囲には上記の中小企業支援団体に所属する方々の人件費も入っている。

　某県の中小企業団体の組織責任者（中小企業社長）が経産省の役人に補助金のあり方について指摘したことがある。その席に筆者櫻井も同席していて知ったのだが，その際の経産省の役人は「経産省では現在その活動に直接係わることができません。ご指摘への対応は出来かねます」との情けない回答であった。一時，問題化された農協組織のような形骸化した組織体制になっていないだろうか。

　本書序節の図表序-10に示した通り，既存の中小企業保護を優先した支援組

3　日本の中小企業のことは small and medium sized business（SMB）と言う。

織への批判は，アンケートではないが，本章の２節2.3項に記述された中小企業の廃業が開業を大きく上回り，今までできた工法が廃業企業の技能者がいなくなることで出来なくなる，いわゆる「産業の空洞化」の浸食を食い止める手立てとしての機能を果たせる組織体とは到底思えないのである。

4　下請法の趣旨とは違うところでもっと深刻なことが起きている

　大企業側の横暴な指値による発注形態は激減しているが，下請企業構造化された日本国内の体制禍で，日本国内ではいろいろな点で，その親企業による中小企業いじめが日常的に行われている。以下事例は筆者櫻井が，中小企業経営者からのインタビュー調査にて得られた情報である。このようなケースがすべて複数以上あることを記載しておきたい。すなわち，相当数あるということである。これらが下請法では取り締まれない内容であろうが，目に見えない圧力となっており，中小企業側が多大な損失を被り犠牲者になるのである。いつも大企業の顔色を気にしていないといけないし，受注がどうなるかわからないとの懸念である。

4.1　中部圏に本社と工場があった中小製造企業が関東圏に移動
　当社は，自主独立型中小製造企業で自ら開発した製品を設計・製造・販売していた。しかし，ある時中部圏で勢力のある某社の協力会（下請企業をまとめる組織）の幹部企業が訪問してきて，近隣にある過去発注したことのある中小企業に悪影響を与えているとし，近隣地域への発注をしないでほしいとの要請があったのである。その後，特段対応しないでいると，突然，その借りている工場敷地の前倒しの契約期間短縮や賃料アップを不動産会社から言い渡され，結局，住み慣れたその地区から関東圏にすべての機能を移動したのである。社長さん曰く「近隣の中小製造企業は皆，某社の従属的下請企業であり，当社は，適正と思われる工賃で自社の試作品製作を頼んでいたのですが，きっと発注先の中小製造企業さんでは当社の工賃がその某社経由の賃料と相当開きがあり，こんなことをされたら，当地での仕切単価が暴騰し，示しがつかなくなるとでも思ったのでしょうね」であった。なお，本業者は，某社業種との取引関

係はゼロであった。むろん，その企業は関東圏に引っ越しても業績が素晴らしく，発展途上にある中小製造企業である。

4.2　中部圏の企業が，本社機能だけ残し設計や工場機能は海外へ

　この企業は，ある機械製品の主要部分を OEM 生産する中小製造企業である。今から 15 年以上前に某国に工場を移転したのだという。その海外工場はまるで日本の元気が良かった当時の工場のような活気あふれる工場であった。以下その某国工場責任者のインタビュー内容である。

　「当社製品はある分野の日本メーカーの複数社にコンポーネント機器として OEM 生産している。したがって，すべて，日本に全数バイバックして複数の日本企業に納める。その点では日本で設計も製作も行いたいが，中部圏に本社のある当社では，優秀なエンジニアが取れない，また工場の工具も集まらない，仕方なく当地に本社以外の機能を移管しました」。「結果的には，エンジニアは当地で一流の国立大学の技術系学生を採用でき，工具採用試験も毎回数倍の応募があり，日本的経営推進で辞める者も少なく結果オーライでした」。

　以下は筆者櫻井が中部圏の国立大学 2 校の工学部長クラスの教員から聞いた話を加味して，上記企業の話を補足したい。要は大学や高等学校の教員や就職担当者が，学生に某社や某社グループ企業への就職を積極的に斡旋しているようである。某大学の某就職責任者の弁を借りれば，少しでも従来と違う対応をすると，「国からどうしたのか」と学校へコメントが来ると言うのである。本当かと思えるのであるが，研究費や関連研究設備の支援も問題行動と連動している（研究費の削減，設備購入却下など）という怖い話である。

4.3　某社の中枢の研究所員は皆，有力下請企業のエンジニアの移籍

　某社は有力企業であるがゆえに手広く事業を展開している。本内容は，その有力下請企業（1 部上場）の役員クラスの方からの話を基に記す。優秀な研究者を某社研究の支援員として派遣したら，そのまま帰らぬ人材（某社の企業研究所員）になってしまったという。その行為はそのエンジニア 1 人の個人判断だとされたようである。これでは派遣した企業からすればたまったものではないが，下請企業の弱みである次期の発注に影響するとなればやむなしの我慢で

ある。なお，これとは全く違うのだが，家電業界では，アイリスオーヤマが家電製品を開発・設計・製造・販売するため，大手（例えば元パナソニック勤務）を早期退職し入社する社員を受け入れ，元の会社では実現できなかった製品を誕生させたなどのエピソードが語られている。これらは，技術開発の製品化が以前いた会社ではできず，勤め先企業を変えることで実現できた好例である。

　前述の研究所のそれもそうであれば良いのであるが，某社の一過性の研究員の強化で下請企業のエンジニアを引き抜いたとすれば，許しがたいことなのである。

4.4　大手某社 ICT エンジニアの中小 ICT 企業への再就職時対応

　家電業界は今，AI を駆使しプログラム化された自動運転で調理などができるシステムが随所にある。しかし，その ICT のプログラム開発のすべては専業メーカーが担っていた。本企業は某社の下請企業ではないが，某社の主力製品のほとんどのプログラム化を実施して来ている。全売上額の約 25％程度である。さて某社に入社したエンジニアは専業メーカーであるここで紹介する中小 ICT 企業へ再就職を希望して面接にきたという。その会社の社長さん曰く「このような場合，個人がそのような再就職希望を出したとしても，一応某社に個人名，いつ当社の再就職希望を出したか，また当社では決してヘッドハンティング紛いのことはしていない」と社長さんが，某社人事部に報告するという。「そうしないと，その後の取引がどうなるか心配である」という。要は某社の仕返しが気になるのである。

5　下請構造から中小製造企業が脱皮するにはどうするか

5.1　下請業務をし続けることは意味がないと考えるのが賢明

　ここまでの記述でわかる通り ① 国家主導の下請対策は抜本的施策が行われたためしがないことが『中小企業白書』を読んでわかった（2 節参照）。また ② 日本には他国と違い下請企業群が沢山できる理由がわかった。要は親企業の技術力のなさ，下請中小企業を真に育てるという気構えなど，みじんもない

ことも明確にわかった（3節参照）。さらに，③受発注のトラブル回避だけを見るのではなく，親企業だけがうまい汁を吸う（儲かれば良い）の動きが鮮明にわかった（4節参照）。

　日本の多くの中小製造企業は，大企業が作り上げた下請け構造の中に組み込まれ，独自の「価値創造」よりも協力的な「価格提供」が主になっており，下請構造に組み込まれている限りにおいては独自の技術やノウハウを生かせず，低い利益しか得られないのである[4]。1990年代のバブル期以降の約30年の間に，日本の中小製造企業は，大企業の傘下の中で，下請け型のパートナー関係に組み込まれてしまっており，自分達の本来達成する価値を見失ってしまっている。もはや，下請業務をし続けることは意味がないと考えるのが賢明な選択であろう。下請業務からの脱却のために自社を高めて欲しいのである。企業が自立，自主独立し成長していくためには，利益を生み出す付加価値を創造して，お金になる事業を育成していくことが，最優先に求められる。小さなニッチ分野でも良い，もっと利益率が高くなる新技術への探求，既存または新規の市場の開拓をしていくことが望まれる。

　図表4-3は，［3］の参考資料で左図のAが『大企業牽引モデル』で下請構造モデルである。中小製造企業側から見た場合にはモノやサービスの提供を通して『大企業と繋がる関係モデルでモノやサービスを受注して品質・コスト・納期の最適化を実現』してその結果，大企業側から中小製造企業側へ支払いがなされ，中小企業に一定の利益が分配されるものである。このモデルは明確なヒエラルキーがあり，ピラミッド型の段階的組織構造となっている。

　一方，右図のBが『複層化したバリューチェーンモデル』である。図では大企業と中小企業とが点在しており，いずれかの企業が新たな価値創造を提案し実施する過程で混在している大中小の企業が協創的な行動を取りながら実際の開発・生産・販売をしていくもので，モデル名がバリューチェーンモデルと

4　ここで記載した企業とは真逆の下請構造に組み込まれていない中小製造企業では，コスト削減提案することなく，新たな価値創造に邁進していた。そこは山口県の板金加工業の某社であった。毎年従業員を燕三条で行われる技能コンテストに派遣し，直近2回ほど優秀な成績を残したという。そのため自社内で技術を磨く訓練を継続実施しているという。「価値創造」の証である。この地域は自動車や家電の下請構造に組み込まれていない企業が多く点在する。日本のほとんどの地域が下請構造に組み込まれているので，その意味では奇跡的聖地と筆者櫻井は感じた。

図表 4-3　大企業牽引モデルと複層化したバリューチェーンモデル

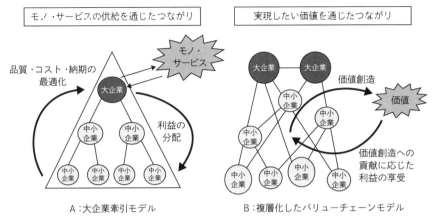

A：大企業牽引モデル　　　　　　　　B：複層化したバリューチェーンモデル

出所：内閣府・中小企業庁［3］の参考資料 p.17　引用

　記載するため線形モデルをイメージするが，『実際は新しい価値に共感する企業群が集合しジョブ遂行を行う』ものである。前者 A モデルと後者 B モデルは真逆な企業間連携を表している。『効率性』で言えば軍隊式の A モデルが有利であろう。一方『平等な企業間関係性構築』で言えば過去のしがらみや企業間の規模に関係ない方式の B モデルが有利であろう。本章のタイトル『真のパートナーシップで生産する』であれば B モデルがそれに合致するだろう。

　1990 年代冒頭のバブル崩壊直前までは，国家として，中小製造企業が下請けとして種々の請負業務を行い，大企業が仕事を取ってくることで中小製造企業を支え，中小製造企業側からは，成長の手助けや新分野へ関わりが生まれてくることを期待し続けてきていた。

　しかし，1990 年代以降のバブル崩壊以降では，大企業の試作を支援すれば量産につながり，その仕事はもらえる従来の構図が崩れ，量産はコストダウンのみでの提供になり，売上金額は増えても，利益につながらないケースが増えてきたのである。

　顧客からの依頼を元請けが受け，その後下請け，孫請けと下がっていくにつれ，いわゆる中間マージンが取られて，利益が減っていくのである。したがって大企業は汚い言い方をあえてすれば，『ピンハネ業と科し，要は仕事をさば

き，利益を荒稼ぎすること』となったのである。

5.2　中小製造企業3パターンから見たAモデルとBモデルの関係性

　5.1項で『下請業務をし続けることは意味がないと考えるのが賢明』という表題を付けて論じた。その点では，図表4-3のAモデルからBモデルへのシフトを中小製造企業は目指すべきと思う。しかし，今後とも図表4-3に示す両モデルは継続的に実施されるものと想定される。理由は前出した通り，市場においては，『下請関係』と『平等関係』の両方の要求はあり続けると思われるからである。それは，企業間取引が前者Aモデルでは生産性向上の立場で考えると『効率が向上』される。一方，後者Bモデルでは新たな開発・設計・製造・販売の立場で考えると『相乗効果が期待』される。この両局面が必要となるからである。

　ここでは櫻井［4］の『中小製造企業の3パターン』と上記の『Aモデル・Bモデル』とをマトリックス比較してみる。

　まず，以下に中小製造企業の3パターンの定義をまとめる。

従属的下請企業：親企業から受注することで成り立ち価格交渉は従属的で親企
　　　　　　　　業主導で行われる。

自立型下請企業：受注形態は下請企業と同じだが，価格交渉力は有している。

自主独立型企業：自前で企画・開発を行うとともに親企業は存在せず，価格を
　　　　　　　　自由に設定できる。

　この定義を基に図表4-4をまとめた。

　『従属的下請企業』は『A.大企業牽引モデル』に記載された中小企業そのものである。『自主独立型企業』は『B.複層化したバリューチェーンモデル』に

図表4-4　中小製造企業3パターンと2つのモデルの関係性

中小製造企業の3パターン	A. 大企業牽引モデル	B.複層化したバリューチェーンモデル
従属的下請企業	◎	
自立型下請企業	○	○
自主独立型企業		◎

出所：筆者作成

点在する中小企業であり，自社が新価値（新製品や新サービス）の発信者になる場合もあるし，他社の新価値に共感して共同して新たな新価値を生み出す協創的ネットワークを形成する場合もある。では『自立型下請企業』はどう考えたらよいのだろうか？　以下『自立型下請企業』の定義から推測する。

　①「受注形態は下請企業と同じである」からその点では『従属的下請企業』である。②「価格交渉力は有している」からその点では『非従属的下請企業』と言える。言葉を変えれば『自主独立型企業』である。ではなぜ，大企業はその中小企業を通常の下請企業として扱わないのであろうか。それはその『自立型下請企業』が同業他社にないモノを有しており，その企業と取引を行いたい側（大企業）からは，相手である中小企業の言い分（例えば希望価格に対する発注価格の水増し要求）を聞かなければならないのである。筆者櫻井は以前調達部門にいた時，海外（英国）の企業[5]との価格交渉をする際，いろいろな仕様条件や日本の原材料メーカーの紹介まで要求されたことを思い出す。十数人しかいない企業だが，ある分野技術で基本特許を有し，その特許を基とした施工をせざるを得ないことが，企業間取引の行動を大きく変えるのである。図表4-4で図示した通り，AモデルとBモデルの両方に関わるように思える。その理由は取引を希望する側（この場合は大企業側）がどうしても取引したい理由があるからである。

　以上のことから，5.1項で「下請業務をし続けることは意味がないと考えるのが賢明」と言い切ったが，それは『従属的下請企業』から『自主独立型企業』へシフトを意味するだけでなく，『従属的下請企業』から『自立型下請企業』への選択肢もあるということである。後者が実現できれば，本5.2項冒頭で述べて『下請関係』と『平等関係』の両方とも兼ね備えた中小製造企業としてより広範な取引ができ，一石二鳥であるように思える。むろん，4節で述べ

5　英国企業の規模は十数人であったが，その企業が所有する基本特許を使用した施工をする必要があり取引を行った。その際，感じたことはもし同じ条件であっても日本の企業であったら，中小企業だからの気持で強引に指値をしていたように思う。その点で日本の中小企業基本法の中小企業の定義や下請法の下請事業者の定義があることが，日本の大企業の調達行動を高圧的に（中小企業で下請だから無理な要求をしても良い）させるのではないか？　とすら思えたのである。他国では，規模の区分や中小企業ゆえの優遇制度が余りない。要は日本の企業間取引の定義がかえってマイナスに作用しているようにさえ思える。

た事例のようなこともあるので，下請企業構造を意図した大企業との付き合い方には十分用心する必要はあろう。

　なお　本章の副題である『真のパートナーシップで生産する』とは上記の『従属的下請企業』から『自主独立型企業』へシフトをイメージしやすいが，中小製造企業は，そうたやすく変身できないのである。その点で，『従属的下請企業』から『自立型下請企業』へのシフトも許容すれば，その実行の可能性が増すものと筆者櫻井は考える。

6　自社が中小製造企業のどのパターンに当たるかの確認（従属的下請企業・自立型下請企業・自主独立型企業）

　中小製造企業は，自社の日々取引している企業とのやり取りから上記の3パターンのどれに当たるかを想定することはなかなか難しい。例えば下請企業[6]であり，売上比率では50%あるとすると，残りは自主独立型企業と言えるのか。その場合には，今後どのような行動を取ることが得策なのか，難しい判断である。筆者櫻井が2014年に調査した際には，「自立型下請企業であり自主独立型企業でもある」と回答した企業が半数近くあった。

　では，その判定をどのようにしたら良いのだろうか。

　筆者櫻井は2022年4月に「中小製造業の製品化過程に関するアンケート調査とインタビュー調査」を実施した。その結果を活用して自社の3パターンの企業のいずれかを判定できると判断した。以下，櫻井［4］の内容を基に整理したい。

6.1　アンケート内容

　本アンケートは①経産省の高度化支援事業研究開発費を取得した企業群，②日本発明協会で表彰を受けた斬新な技術製品を誕生させた企業群，③各地

6　下請企業と言っても，取引先が自社より大きくかつそこから指値される等であるが，毎回同じ状況ではなく，自社が下請企業であるかどうかの認識は明確ではないことが多い。なお一昔前は特に自動車・家電企業では，大企業A社の取引先のB協力会が存在し，大企業側がピラミット組織の頂点に君臨し毎年1回～2回全取引先を集め，会合を持つ等行われていたがこの形態も最近ではめっきり減ったようである。

域で技術力が評価されノミネートされた技術力を生かし事業を営む企業群の3ブロックに該当する中小製造企業890社の社長さんにアンケート調査したものである。本節表題の3タイプのいずれであるかは各社長さんに記載してもらった上で，87項目（各項目は記載事項の選択式）について回答してもらったものである。なお，データ結果は金属・一般機械・電気機器・輸送機械・精密機器関係に絞りまとめてある。但し，統計上の有意性を判定するほどのデータ数がなかったので，その半数の企業には直接回答していただいた社長さんにインタビュー調査を実施しアンケートの回答を確認し，記載内容に間違いがないか確かめた。詳細結果は後で説明することとする。

6.2　社長さんの今後めざす事業発展についてのチェック

　まず3つの観点（[I] 〜 [III]）での質問事項を列挙する。本書を読まれている中小製造企業の社長さんは是非，個別の質問に答えてみてほしい。

[I] 技術を育て上げる観点の確認

1. 自社で実施できる作業範囲の確認

　1. 単一作業，2. 複数作業（同種作業），3. 複数作業（異種作業），4. 多数の異種作業

※なお，自社内だけでなく，自社と協力関係にある企業を含めてかまわない。

※上記のいずれか1つを選択

2. 取引先から信頼されていると思われる項目の確認

　1. 価格，2. 納期，3. 品質，4. 対応力，5. 提案力

※複数マーク可。

3. 新たな仕事作りの立役者は誰だったかの確認

　1. 社長の創造知，2. 社員の頑張り，3. 全社員の協業，4. 取引先の支援，5. 時代要請の幸運

※現社長が社長就任後，間もない時期。2つまで複数マーク可。

4. 自社の下記間接要員の確認（下記4項目合計100％とした時の人数比率）

　1. 社長の対応，2. 生産管理要員，3. 設計開発要員，4. 営業要員

※現社長が社長就任後，間もない時期。人事や総務部員は含めず。兼任者は加算対象。

5. 現ビジネスの市場範囲の確認

1. 同一県内，2. 周辺または複数の県，3. 全国，4. 海外（国内取引先），
5. 海外（自社開発先）

※本社・工場のある県を基準とする。なお，1項〜5項のいずれかを選
択。例えば5項をやっていれば4項以下は実施済みと解釈する。

6. 自社のコア技術の深化プロセスの確認

1. 自社内製化，2. プロセス革新，3. 要素技術革新，4. 製造垂直統合，
5. 工作機械改造

※複数マーク可。なお，複数マーク時はその中で最も貢献度の高い項目を
1つ◎する。

7. 技術向上の推進に役立ったことを確認

1. 親企業の指導，2. 親企業のCD指導，3. 公的機関の指導，4. 自社内
生産性改善，5. 5S等改善活動，6. 専門誌の情報，7. 業界組織の情報，
8. メディアの情報，9. 外部の情報，10. 自社内の情報

※複数マーク可。なお，複数マーク時はその中で貢献度の高い項目を2〜
3つ◎する。

[II] 社長さんが『今後の自社の方向性』を考えるための準備

　下記6項目はすべて二者選択になっている。よくよく考えてから決断し1つ
選んでください。

1. 今後の顧客に対するアプローチの確認

1. 新市場の開拓，2. 現市場を優先

※上記のいずれか1つを選択

2. 今後の新顧客獲得のための情報取得法の確認

1. 自社で収集，2. 現顧客から収集

※どちらを優先されるか，ウエートが多いかでどちらかを選択

3. 今後の事業内容の確認

1. 画期的な技術の事業化，2. 現製品製作工程の完成度向上

※どちらを優先されるか，ウエートが多いかでどちらかを選択

4. 今後の経営環境への対応の仕方の確認

1. 市場創造，2. 市場適応

　　※どちらを優先されるか，ウエートが多いかでどちらかを選択

5．今後，顧客へ根供することの確認

　　1．劇的な効能，2．顧客の利益

　　※どちらを優先されるか，ウエートが多いかでどちらかを選択

6．今後の技術水準の確認

　　1．顧客の求める技術水準，2．競合他社を超える技術水準

　　※どちらを優先されるか，ウエートが多いかでどちらかを選択

[III] 社長さんが考える事業展開のための方向性

　本内容は序章の図表序-13 の真ん中の図を使い実施するものである。関連する記述は 1 章 5 節と 6 節，6 章 5 節に詳細が記載されている。図表 4-5 に示すとおり，社長さんが現時点で真ん中の黒丸にいるとし，縦横軸のどの方向をめざそうとしているかを主力事業に対して記載してもらう。マップの横軸は仕事軸（製品・サービス）で，縦軸は顧客軸（取引先等）である。横軸の右側に進むほど『新製品創出・新製造工程への進出』を意味し，左側に進むほど『自社生産・生産プロセス革新』を意味する。また縦軸の上側に進むほど『他市場の他社売上を奪う』を意味し，下側に進むほど『同一市場で他社売上を奪う』を意味している。このような条件下で，社長さんが今後どの方向をめざすかを複

図表 4-5　社長さんの事業発展方向性の記入例

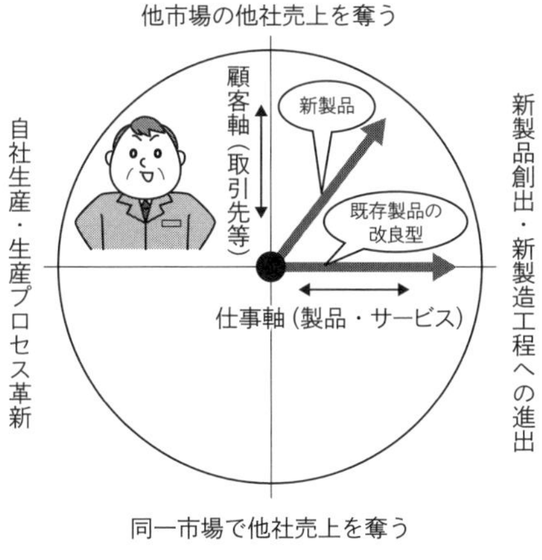

出所：筆者作成

数選択してもらう。

　具体的な新事業内容（製品でもサービスでもまた複合的なシステムなど）を
イメージしながら，360度どの方向を目指していくか明らかにする。なお図表
4-5では矢印➡で表示する。なお2つ方向までの記載は許容する。また，複数
の新事業内容をイメージしている場合には，2つ目も矢印➡で表示する。

　以上［Ⅰ］〜［Ⅱ］を実施した上で，下記記載のアンケート結果と比較し，
自社がどのタイプの中小製造企業であるかを見定めた上で［Ⅲ］の事業発展の
ための方向性の可能性があるかを判断してほしい。

　以上の行動を通して，自社が今後進むべき方向性を明確にしてほしい。

　本章では『従属的下請企業』であることを前提として記載するが，そもそ
も，現在，『従属的下請企業』でないケースもあろう。もし，『従属的下請企
業』であると認識されれば，本5節で述べた通り，

　①　『従属的下請企業』から『自主独立型企業』へシフト
　②　『従属的下請企業』から『自立型下請企業』へシフト

のいずれか，または両方の可能性を明確にした上で新たな行動に邁進すること
を提唱する。上記の判断をする材料として6.2項に記載したアンケート項目の
結果を6.3項に記載するので，その結果内容と6.2項で社長さんが回答した内
容とを比較分析して今後の進むべき道を明確にしてほしい。

6.3　櫻井［4］のアンケート調査の結果内容

　6.2項の項目ごとに集計結果とコメントを記す。

［Ⅰ］技術を育て上げる観点の確認

1)．自社で実施できる作業範囲の確認

作業範囲	従属的下請	自立型下請	自主独立型
1　単一作業	○		
2　複数作業（同種作業）	△	○	△
3　複数作業（異種作業）		○	○
4　多数の異種作業		△	○

※異種作業とは，プレス業種であれば金型＋金属プレス加工など。多数の異種作業とは，機械
　業種であっても，熱処理〜最終組立。

2)．取引先から信頼されていると思われる項目の確認

　従属的下請企業は価格・納期で，自立型下請企業と自主独立型企業は提案力
で信頼されている。なお，品質・対応力は3パターンとも高い数値である。す
なわち差異がない。

信頼されている項目	従属的下請	自立型下請	自主独立型
1　価格	33%	4%	9%
2　納期	67%	17%	22%
3　品質	42%	54%	61%
4　対応力	50%	58%	48%
5　提案力	0%	33%	39%

3)．新たな仕事作りの立役者は誰だったかの確認

　『社長の創造知』は自主独立型企業＞自立型下請企業＞従属的下請企業であ
る。従属的下請企業は『社員頑張り』が高く，『時代要請幸運』も高い。運が
良かったという意味である。また世の中で言われてきた『全社の協業』すなわ
ち小集団活動や自社内提案制度などからは新たな仕事作りは生まれにくい。

仕事作りの立役者	従属的下請	自立型下請	自主独立型
1　社長の創造知	58%　→	74%　↓	83%　↓
2　社員頑張り	50%　→	22%　↑	30%　↑
3　全社の協業	17%　↑	22%　→	9%　↑
4　取引先支援	8%　↑	13%　→	17%　→
5　時代要請幸運	33%　→	17%　→	13%　↑

※上記数字は創業期の値で，矢印は発展期の変化を示す。

4)．自社の下記間接要員の確認

　現社長が就任後，間もない時期の数字であるが，社長さんと営業要員のウ
エートが高い。また設計開発要員は自主独立型企業＞自立型下請企業＞従属的
下請企業である。なお本調査は技術水準の高い企業群での中小製造企業調査の
結果である。

間接要員の比率	従属的下請	自立型下請	自主独立型
1　社長対応	46%	41%	38%
2　生産管理要員	9%	9%	5%
3　設計開発要員	9%	14%	19%
4　営業要員	36%	36%	38%

※人事や総務部員は含まず。兼任者でも加算対象とする。

5）．現ビジネスの市場範囲の確認

　自主独立型企業は従属的下請企業に較べ市場が大きいことがわかる。具体的には取引先数は従属的下請企業が平均74社であったが，自主独立型企業が平均504社であった。なお本設問の関連として『**市場形成の方法について**』質問し3タイプとの大きな相違はなかった。社長さんの関わりが約80%である。次に社員の拡販努力，取引先からの紹介，自社ホームページがそれぞれ60%である。なお展示会，学会発表は自立型下請企業と自主独立型企業が60%であるのに対し，従属的下請企業はわずか20%であった。なお社長さんの交友関係（友人やエージェントなど）は余りコンタクトがないようである。

　海外の取引先については，自立型下請企業と自主独立型企業ともに商社経由の間接輸出（70%）か自社海外販売会社（40%）を活用し市場を拡大している。なお後者は現地生産拠点を軸に機動的市場調査を行っている。また『**現市場（既存顧客）の強化策や維持策について**』3タイプの大きな相違はない。既存顧客の仕事量拡大努力，新規製品の試作参入努力，他の事業部ジョブの獲得努力，全行程のサプライチェーンのキー企業への変身努力，間接販売から自社販売（営業部門）強化努力などがある。なお従属的下請企業と自立型下請企業ともに自主独立型企業への変身をしたいとの気持ちがあることがわかった。

市場範囲	従属的下請	自立型下請	自主独立型
1　同一県内	17%	26%	19%
2　周辺県内・複数の県	33%	35%	19%
3　全国	50%	39%	62%
4　海外（取引先）	0%	17%	38%
5　海外（自社開拓）	0%	22%	33%

※複数の回答有。（1～3の合計は100%）

6）．自社のコア技術の深化プロセスの確認

　自社内製化は自主独立型企業＞自立型下請企業＞従属的下請企業である。プロセス革新は従属的下請企業＞自立型下請企業＞自主独立型企業である。また，自社工作機械を自社で改造するのは従属的下請企業が高い。製造垂直統合，すなわち，前後の工程を取り込むには自立型下請企業と自主独立型企業が多い。

コア技術の深化過程	従属的下請	自立型下請	自主独立型
1　自社内製化	11%	19%	40%
2　プロセス革新	67%	48%	30%
3　要素技術革新	56%	38%	45%
4　製造垂直統合	11%	29%	20%
5　工作機械改造	22%	10%	15%

7）．技術向上の推進に役立ったことを確認

　従属的下請企業と自主独立型企業では結果が真逆の項目がある。従属的下請企業は1．親企業の指導や2．親企業のCD活動，自主独立型企業は6専門誌の情報や7．業界組織の情報が高かった。

役立ったこと	従属的下請	自立型下請	自主独立型
1　親企業の指導	40%	27%	15%
2　親企業のCD活動	50%	14%	5%
3　公的機関の指導	0%	9%	20%
4　自社内生産性改善	50%	36%	60%
5　5S等の改善活動	20%	36%	35%
6　専門誌情報	0%	14%	25%
7　業界組織の情報	0%	9%	20%
8　メディアの情報	20%	14%	30%
9　外部の情報	10%	18%	15%
10　自社内の情報	0%	0%	10%

[II] 社長さんが『今後の自社の方向性』を考えるための準備

　1）から6）までの各項目の最も大きい値を太字とした。

1)．今後の顧客に対するアプローチの確認

顧客アプローチ	従属的下請	自立型下請	自主独立型
1　新市場の開拓	70%	**86%**	75%
2　現市場を優先	**30%**	14%	25%

2)．今後の新顧客獲得のための情報取得法の確認

情報取得法	従属的下請	自立型下請	自主独立型
1　自社で収集	40%	57%	**60%**
2　現顧客から収集	**60%**	43%	40%

3)．今後の事業内容の確認

事業内容	従属的下請	自立型下請	自主独立型
1　画期的な技術の事業化	40%	38%	**75%**
2　現製品製作工程の完成度向上	**60%**	62%	25%

4)．今後の経営環境への対応の仕方の確認

経営環境への対応	従属的下請	自立型下請	自主独立型
1　市場創造	40%	59%	**90%**
2　市場適応	**60%**	41%	10%

5)．今後，顧客へ提供することの確認

顧客へ提供すること	従属的下請	自立型下請	自主独立型
1　劇的な効能	**70%**	50%	45%
2　顧客の利益	30%	50%	**55%**

6)．今後の技術水準の確認

技術水準	従属的下請	自立型下請	自主独立型
1　顧客の求める技術水準	10%	41%	**55%**
2　競合他社を超える技術水準	**90%**	59%	45%

[Ⅲ]　社長さんが考える事業発展のための方向性

　6.2節の［Ⅲ］のアンケート結果が図表4-6である。円の矢印が3パターン企業（従属的下請企業，自立型下請企業，自主独立型企業）のそれぞれの今後の事業発展の方向性である。簡単に説明する。

　従属的下請企業の円の周りに記載されている文章が，その各方向の事業発展について凝縮されたキーワードである。また，各円の4象限に記載の百分率はその領域に矢印を付けたアンケート回答者である社長さんの割合である。4象限の合計は100％である。3パターンの企業区分によって，その矢印方向分布に相違がある。その分布の横軸左右の比率は各円の下側の四角内に記載してあり，縦軸上下の比率は各円の左側の四角内に記載されている。

　ここで注目してほしいことは，下請関係構造に組み込まれている従属的下請企業は左側領域に矢印が多く，かつ下側領域が多い。その内容は現在と同一市場で自社生産・プロセス改革などに傾注する傾向が高い。一方下請企業でも価格交渉力を有する自立型下請企業は右側領域に矢印が多く，上下領域（これは現在と同一市場でも新たな他市場への進出の両市場）をカバーしようとしている。また下請関係構造と無縁の自主独立型企業は，同業でも各社の回答から，矢印方向が真逆の場合があるということである。

図表4-6　3パターン企業の社長さんが考える事業発展の方向性

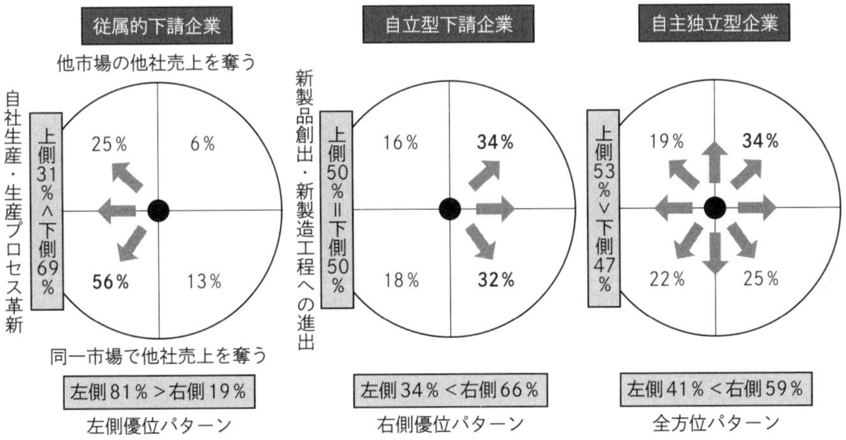

出所：筆者作成

　今回のアンケート調査とインタビュー調査からだけでは断言できないが，従属的下請企業は親企業との関係性があることから，現製品のコスト削減を意図した自社生産・プロセス革新に向かうものと推定される。一方，下請企業であっても自立型下請企業は，従属型下請企業とは真逆に新製品創出や新製造工程へ進出しようとしている。また，市場も現市場である親企業と価格交渉は可能であるが，もしも，仕事が失注してしまう可能性を抱えていることから，新たな他市場へも視野に入れた戦略を練るのである。一方，下請構造関係を持たない自主独立型企業は，業種が同じで，かつその仕事内容が似ていても全く違う意思決定をしているのである。要は自社の強みを生かし，弱みは強化し，また自社優位性をうまく今後の進むべき方向性に生かそうとしている。同じ業種であっても，その具体的攻めどころは相違するのである。これは大企業と同様であると言える。なお，本アンケート調査を行った企業が技術志向の強い企業群であることから，こと技術の革新においては，そのアプローチが千差万別であり，このような全方位になっているものと想定される。

　さて，6.2項の［Ⅲ］で社長さんが考える事業発展ための方向性と3パターンの企業形態に相違がある場合には，進むべき企業パターンの方向性に準じて修正されることが大切と思われる。

7　真のパートナー関係を築くためにさらなる高みのチェックを

　6節では，主に下請構造関係を持たない自主独立型企業の特徴的な特性について筆者櫻井のアンケート調査とインタビュー調査を基とした結果を説明してきた。また2節小括では，中小企業白書や中小企業庁の施策を検証し，下請構造関係を解消できる手立てはないとし，問題のある業界や問題のある親（大企業）との訣別をすべきであるとした。また，その結果として良識的な親（大企業）が国の中心にいる国家にしていくべきとまで断言した。そうするためには，その前に日本の中小製造企業が踏ん張ることが求められる。

　それは，自社の資質を高みの水準に引き上げ，それを維持していく必要があると考える。そこで多少月並みであるが，以下に自社の自己診断をする上でのキーワードを整理してみた。技術，市場，社会環境の各視点と自社の優位性構

築のポイントを列挙する。

（技術の視点）
・開発力や探求力はあるか，評価する技術力はあるか。
・独自の技術か，コラボレーションして得た技術であるか。
・産官学での連携による技術であるか。
・自社の設計レベルは，デジタル化への対応はできているか。
・製造するには自社設備か，外部へ委託なのか。
・知的財産やノウハウに対する権利は，保有・保護しているか。
・品質力を有した生産ができるか。
・設備投資はどこまで可能か。
・それら技術を発揮できる人財を有しているか。

（市場の視点）
・国内市場なのか，海外市場なのか。
・市場は既存なのか，新規なのか。
・価値ある製品や商品，サービスへの追及ができるか。
・市場開拓は独自に可能か，連携やネットワークで可能か。
・市場へ柔軟な対応，製造含めた供給はできるのか。
・情報収集力や分析力はあるか。
・情報発信者は自社なのか，外部なのか。
・競争力ある動き，市場へのアタック，訴求力はあるか。
・狙った市場へのアプローチが単独または共同なのか。

（社会環境の視点）
・SDGs や CASE へ対応できるか。
・カーボンニュートラルへの取組みも考えているか。
・系列や異業種，企業規模を超えた連携はあるか。
・知的財産やノウハウを活かした連携ができるか。
・共同での生産ができるか。

・社会が欲する課題解決型の製品やサービスの提供を考えているか。

・付加価値とは何かを明確に示した企業づくりをしているか。

（自社の優位性のポイント）

・業界標準の中で，伸びる要素があるのか。

・自社の技術内容が近未来市場性を持つか。

・自社判断で速やかに進める具現化力はあるか。

・小回りのきくスピーディな対応力があるか。

・ドキュメント管理が十分に行われているか。

・ペーパーによるフィジビリティスタディはできているか。

・対外的に説得力ある取り組み材料を保有し説明できるか。

・世界に目を向け，市場は海外を起点に行動できるか。

・自分たちだけしかできないことを再チェックし続けられるか。

・自前主義だけでなく，パートナー企業を巻き込めるか。

（執筆　櫻井敬三・真崎　貴）

参考文献

［1］中小企業庁編（1993年）『93年中小企業白書　第4部「長期的に見た我が国中小企業の構造変化と今後の課題」を』の「過去50年の中小企業白書を振り返って」pp.213-220

［2］中小企業庁編（2018年2月）『特定下請連携事業計画の概要』
https://www.chusho.meti.go.jp>keiei>torihiki

［3］内閣府・中小企業庁（2020年5月）『パートナーシップの現状と課題』 https://www5.cao.go.jp>keizai1>partnershi

［4］櫻井敬三（2021年）『日本の中小製造企業の立ち位置別行動相違分析』日本創造学会　第43回研究大会予稿集　pp.106-109

第5章
高付加価値化の実現
（真の顧客価値を実現するモノを生産する）

大企業と下請企業という構造に翻弄される中小企業，なかでも小規模の製造業に焦点を当て，小粒でも自立性のある企業に変身するための手立てを提供しようとするものである。

　自立性の高い企業に求められる高付加価値経営とは何か。戦後復興から高度成長期までを牽引してきた日本型経済モデルの賞味期限切れを迎え，そのしわ寄せが中小企業に強く及んでいる。日本を取り巻く経営環境もかつてないほど急速に変化しており，業界そのものが消滅しかねない勢いにある。だが，誰かが状況を解決してくれるのを待っていたのでは衰退しかない。中小企業自らの力で新時代に適応する企業に変身するしか生き残りの道は残されていないのである。その道筋は2つ考えられる。どこも追従できないような自社技術や技能の深化。もう1つは，自社の強みを活せる新たな事業ドメインへの転身である。何れも，価値生産の現場と価値消費の現場をセットにして同時に考えることから脱却のヒントが得られる。

　その具体的手順として，モノづくり現場の皆さんが無意識に行っている思考を体系化した方法論を用い，自社から新たな価値を生み出す方法を説明する。
　次に，その新たな価値を事業計画書に落とし込む有効な手順として経営革新計画と補助金制度の枠組みを活用する方法を説明する。
　そして，事業計画で述べられた仮説検証の方法と，事業を強固にする小規模事業者向けの特許戦略を紹介する。

1　高付加価値とは何か

　売価の決定とは，正常な取引活動では注文主から請負人に仕様が提示され，それに基づいて請負人側から適正利益を載せた見積額が提出され，その見積額について注文主と請負人双方が話し合い，双方の納得の上で最終契約額が決まり，請負人側はそれに従い，実際の請負業務を実施し，期限内に注文主側に引き渡し検収後，当初契約額の支払いを受けるのが一般的である。しかし，下請型企業では親企業の指定契約額により業務が遂行されることが多く，『付加価値』といった概念など存在しないに等しい商取引がなされている。

　さて，付加価値とは国であれば国内総生産（GDP）で自国の国力を示す重要な指標である。また総人口で割った1人当たりの国内総生産（GDP）はその国の人々の豊かさを表している。ちなみに日本は，国内総生産（GDP）が3位，1人当たりの国内総生産（GDP）は27位であり，国民一人一人の豊かさは先進国の中では低い。上記同様に，企業ごとの付加価値も存在し，その額や従業員1人当たりの付加価値額が高い企業は儲かっているし，従業員満足度も高いことが想定される。付加価値とは次の様に定義される。[1]

付加価値＝営業利益＋人件費＋減価償却費 ………………………………………… ①

　①式は，本業で生み出す利益により，十分な報酬を支払え，将来への投資を持続できる。これが生き残るための方程式であることを示している。だが，この定義は高付加価値経営を実現している状態を示しているだけで，どうすれば実現できるかまでは示していない。

　別の定義も見てみよう。日経クロストレンド［1］では，『従来の商品にそれまで以上の価値を付けて，より高価格で販売できるようにすること』としている。iファイナンス［2］では，『生産過程で新たに加えられた価値である「付

1　付加価値の計算法には，日銀方式と言われる加算法と中小企業庁方式と言われる控除方式がある。いずれも経常利益で表現している。ここでは本業での付加価値に着目して，日銀方式を基に営業利益で定義し直した。

加価値」の高い商品（製品）』とある。いずれも他社が容易に追従できないような価格競争力のある商品でなければ高付加価値を実現できないことを示唆している。

　しかしながらその現実は，物価高や円安になるたびに注文主側の強い圧力により，中小企業の営業利益は下がる一方である。中小企業は，人件費を削り，将来の糧となる研究開発費や設備投資を控えることでしか生き残りを図れていないのが実態である。① 式で示す付加価値を枯らし続けているのである。これでは，日本の中小企業には衰退の道しか残されていない。バブル崩壊後の30 年間の人件費の上昇がゼロ（全業種共通）や図表序-8 に示す通り大企業の経常利益率は中小企業の経常利益率より 2％ も高い水準であることは何を意味するのか。その 2％ は，中小企業（下請関係企業）の付加価値を大企業が奪っているとみられてもしかたがない。これでは日本の全企業の 99.7％ を占める中小企業の従業員や経営者が不幸である。本章では，そこから脱却する方策を提示したい。

2　高付加価値を実現して儲かっている中小製造企業とは

2.1　賃加工中心の企業群の高付加価値とは

　日本の中小製造企業の内，いわゆる賃加工＋前後工程の取り込みを行っている企業が約 60％ と言われている。要は単一か複数の作業に対し設備投資した機械や熟練した作業者によって行い，少人数（一般的には 10 名以下が多く，50 名以下まで含めて約 90％）で生産することで経費を抑え，作業賃料を下げてきている。こうした企業群を都合よく利用してきたのが自動車，家電，精密の各機械の大企業であった。

　これら中小製造企業において，自社製品を生み出すことや，全製品の一部構成要素（コンポーネント）部品を手掛けるなどは夢の夢の話と思われるかもしれない。このような企業においても，現作業の飛躍的改善を志向し，同業他社の水準を超えることを行うことで道は開かれる。櫻井ら［3］によると技術や技能の深化の実現で生き延びている企業がある。例えば浅川熱処理では「高周波アルミ熱処理技術」により，今まで 1 時間半かかっていた作業を数秒ででき

るようにした。またオリエンタルエンジニアリングでは今まで金型に離型剤を噴霧していたのを，金型に熱に強い皮膜を塗布する技術で毎回噴霧が不要とした。その結果，約30％の時間短縮ができた（日経新聞2010年4月28日）。また，櫻井［4］によると，サイベックコーポレーションでは，直径10cmで厚み1cmの鋼から自動車用ミッション部品をCFP工法（冷間鍛造＋順送プレスの複合工程）で製作することで切削・焼鈍・溶接が不要となった。また井口一世では板金加工で金型レス・切削レスを実現できている。要は，これら企業は機械加工を無くし，また金型製作もなくしているのである。これにより，納期が短縮され，また注文者が求まる費用削減にも貢献しているのである。本書執筆者の櫻井によると，まだ多くの技術工法のイノベーションを起こし，同業他社や異業種他社の市場を奪うことに成功している企業があるという。要は，技術工法の深化により，今まで精度が問題だったのを1桁少ない許容値まで削減でき，その結果，他社との差別化を達成して経営上も業績が良い企業となっているのである。これこそ高付加価値化を実現できた企業である。これら企業に共通していることは，自社使用の工作機械を自社で改造し，特殊な工法を生み出し，外部公開しないなど秘密裏に事業を継続実施している。これら企業は規模の経済（企業を大きくすること）はせず，従業員満足度を向上することに力を入れているのが共通点である。だが，これら企業も大企業（主に自動車会社）から常時，製造法をただ取りされる脅威にさらされていることを問題提起しておきたい2。

2.2　自社技術のノーハウを活かした事業展開（櫻井氏談を中心に）

　2.1の技術や技能の深化を実現している企業は，全中小製造企業の数パーセントに過ぎない（櫻井）。では，他の企業はどうすればいいのだろうか？　付加価値を得るために何をすればいいのだろうか？　櫻井［4］に記載の企業を見てみると自社の技術のノーハウを活かした事業展開をしている企業があるこ

2　櫻井によると以前東工大産学連携部門に在籍した際，大学教員と某社の共同出願した特許をただ取りするため，日本の大手自動車会社2社が工場訪問と称し来社することになり，急遽その関係設備を隠した経験があるという。現在も下請型企業に提案制度という名目でアイデアのただ取りが行われていることは残念なことである。中小製造企業側も上記に注意して対応すべきと思う。

とがわかる。

　以前は，大企業からの仕事をうまくまとめる世話役企業があり，その企業が中心で動いていた時代があった。例えば東京の大田区の都市型集積中小企業群が集まる地域（東京城南地域）が代表であった。その姿も現在は，新たな事業を起こそうとしている起業家を支援する企業群へと進化している。城南地区だけでなく，墨田区や荒川区なども含め，個別受注生産を主体とした中小製造企業が，その過去のいろいろな顧客からの依頼を技術や工法でクリアしてきたことを活用し，製造設備や製品化ノーハウに欠けるモノづくり系起業家の開発試作製品や初期の立ち上げ新製品の製作の支援を行っている。ある中小製造企業の経営者曰く「当社は見込み生産型ビジネスの自動車産業の仕事をしていなくて良かった。受注生産型の仕事で，個別顧客（注文主）との対応で新たな技術挑戦の機会をいただき，ノーマルな仕切価格で対応いただいている。お蔭で，今，新技術で新たにチャレンジしている起業家の製作の支援ができ，その仕事で全国や世界からの注文が増えている。ありがたいことである」3。

　これと類似の活動は公的機関（地方自治体や大学）の産学官連携の一貫として約25年前から推進されてきたが，組織はあり，そのモノづくり系起業家の活動事務所（含む工場）は提供することはできるが，実際のモノづくりはあなた任せになっている。これは，支援するエンジニアの多くが大手企業を定年した者が担っており，実際の試作や製品づくりのノーハウが不足しているためである。これこそが，上記の様な技術のノーハウを持っている中小製造企業が貢献できる領域である。ここで紹介した企業は，高付加価値の新顧客を開拓し，新たな市場を形成している特徴がある。だが，これら企業は全中小製造企業の約10％程度に過ぎない。

3　櫻井によると大手量産型見込生産企業群（自動車，家電，精密）では，過去40年間で，海外進出による受注減，親企業の指示のもと海外工場移転，さらに国際的競争に打ち勝つためと称し，毎年のコスト削減要求などで企業の体質が弱体化してしまい，中には倒産，廃業に追い込まれた企業があったという。一方，大手受注生産型企業群（一般機械，生産用機械，化学，医療機器など）では，主力生産を海外に移したことから試作試験用機器製作や海外工場製作品の国内持ち込み後の部分手直しなどを国内の受注生産で鍛えた中小製造企業へ発注するケースが増えたとしている。

2.3　下請企業としての仕事からの脱皮を図ろうとしている企業群

　櫻井によると，近年上記テーマの下請からの脱皮を目論む中小企業が増えているとのことである。

　櫻井がお世話している，某地域にある複数の中小製造企業では，大企業のOEM生産をしている。その技術ノーハウはすべて中小製造企業側にある。それにも係わらず，近年，大企業側から仕切価格の低減を強硬にしてきているというのである。それを可能にする技術も経験もない担当者が，しいて言えば自社のブランドだけをベースに仕切価格を下げろと強要する。その日本の取引先と競合する海外の企業から破格の仕切価格で新たなビジネスをしたいと言ってきているというのである。日本の大企業は「生産工程を見直せとか品質向上を図れ，そうすれば仕切価格を下げてもやっていけるはず」と何十年も同じ言葉をオウム返しで言うだけというのは情けない。別に始めた自社オリジナルの製品は儲かるが，下請OEM生産は儲からない。下請の事業を止めるのを検討中と聞いた。その後，親企業の製造責任者の専務がその企業を訪問し，平謝りしてきたというのである。モノづくり技術がない，その製品がなくなれば自社は苦境にあえぐ，何とかして欲しいとの要望という。なんとも虫のいい話である。高付加価値の話に戻ると，大企業側の自分勝手なアプローチが問題であり，中小製造企業側には全く落ち度はないことを強調しておきたい。

　日本の製造業を標ぼうしている大企業は，自社の利益のみを追及する企業に堕落してしまった。ここを抜本的に変えないと，日本は沈没しかねない。今現在，上記の企業は下請企業としての仕事からの脱皮をするか憂慮中である。櫻井によるとここ3年間で十数件同様なケースに遭遇しているという。この高付加価値を大企業側が独占するか，ノーハウ保持の状況判断から中小製造企業側にもその分け前を享受するかの企業間の明確な仕切り方（ジャッジの判断基準）を明確にしなければならないと考える。

2.4　高付加価値経営に向けて

　残りの90％近い中小製造企業はどうすればいいのだろうか，社長さんの会社の従業員とその家族が安心して生活できるようにする持続可能な営業利益を稼ぎ出すために何をすればよいのか？　それには，『高付加価値経営』が必須

条件となる。真面目に働いていれば何とかなった時代は過ぎ去ってしまったのである。だが，「高付加価値化」を進める想いだけでは，対応が場当たり的になり，近々立ちいかなくなってしまう。そこから脱却するヒントは，まず① 自社で継続的に売れているモノ（部品や工法など）を確認することである。次に② 自社の事業は，川上から川下に向かう商流⁴ のどこにあるかを確認することである。同じような企業が多数ある中で③ 自社から買っている，自社を通して買っているのには，必ず理由があるはずで，安いからとか，短納期だからといっただけではない何かがあるはずである。例えば，技術的課題を一緒になって考えてくれるなど，他社には置き換えがたい理由があるのかもしれない。それこそが強みなのだが，案外と自分では気づかないものである。その① から③ までの理由がわかれば，より高収益が得られるように技術や技能を深化できるかもしれないし，他にも自社の技術を必要としている顧客がいることに気づかされるかもしれない。現行事業ドメインを超えて，新たな事業への可能性に気づくかもしれない。残念なことに，② の商流の全貌を知る術はない。直接取引している仕入れ先や得意先を通じて洞察するしかない。だが，仕入れ先の前の仕入れ先，得意先の次の得意先，その間をつなぐ商流ぐらいまでは知ることは可能である。その流れの中に，「価値生産の現場」と「消費の現場」を設定し，自社が今後どんな貢献が出来るか，どんな役割を担えるかを考えて見ることである。工場を自前で持っている中小製造企業であれば「価値生産の現場」は自社工場と仕入れ先企業となり，「消費の現場」は自社の得意先やそのさらに先の企業となり，自社の得意先の競合企業などがそれに当たる。

　次に，事業を行うに当たって「顧客視点で企業経営を考える」は欠かせない。だが，これまで下請として大企業の指示待ちで行動してきた中小製造企業にとっては「顧客視点で考える」ことに慣れていないためになかなかうまく行動がとれないのである。その理由は，お客様から製作指示をされた図面や仕様

4　最近の研究によると，商流は一本の筋の様に流れる単純なものではなく，複雑で巨大なネットワーク構造になっていることが分かってきた。そして個々の取引関係は形成と解消を繰り返しており，この複雑なネットワークは時間とともに絶えず変化している，とのこと。研究事例として，荒田禎之らによる「企業間取引ネットワークの構造と形成」という論文がある。そのサマリーは（独）経済産業研究所のサイトから参照できる。https://www.rieti.go.jp/jp/publications/nts/19e027.html

書はあるが，本当に必要としているモノ（真のニーズ）を知るのは難しいためである。最終製品に組み込まれた状態を見て，おぼろげに推測するしかないのが実情である。

（新たな個人顧客を獲得するための方法）

　最終消費財，すなわち最終個人顧客を獲得する場合について考えてみたい。大半のマーケティング分野の図書ではターゲット顧客のセグメント化をした上でアンケートやヒアリングをすることが書かれている。だが，ニーズは顧客のインサイト[5]（隠れた動機）が顕在化したものであり，核心に迫るのは難しい。

　これはインサイトが，同じ人でも，いつも同じとは限らない点にある。人は様々な状況を同時に抱え込んでいる。インサイトも，その人が置かれた状況により変遷する。年齢や性別等の月並みな指標で分類しても顧客のニーズを捉えることはできないのはこのためである。それよりも，ターゲットに決めた最終個人顧客が直近でよく購入しているモノから，顧客のニーズを充たせる商品を考えた方が近道となる。現実に売れているモノは，顕在化したニーズだからである。その背後にある顧客のインサイトを推し図ることも可能である。そこからさらに，顧客のインサイトを充たせる新たなニーズ仮説を描くことができる。

（企業顧客のテーマを獲得するための方法）

　企業顧客の場合には，取引先が進もうとしている方向性を探ることから始める。この方法は，既存取引先のテーマ探しにも，新規取引先の開拓にも有効である。特許情報は，そのための有力手段の一つとなる。特許情報プラットフォーム[6]では日本に出願された特許を無料で調べることができる。この際のコツは，技術の流れで俯瞰することである。取引先がどのような市場を目指しているのか，どんな技術を確立しようとしているのかが見えてくる。そこに，自社が関われる素材とか技術はないだろうかという目で見ていくのである。特許公報には発明者が記載されているので，情報提供という名目で発明者＝開発担当者に直接接触してみるとよい。持参したモノや技術情報などが，開発担当

5　インサイトとは，ニーズの背後にある生活者の意識構造を洞察することによって得られる，本人も気づいていない「購買意欲につながる核心」のことを言う。

6　特許情報プラットフォーム https://www.j-platpat.inpit.go.jp/

者の求めるモノと少しでもマッチしていれば，顧客のニーズがより明確に見えてくるはずである。なお，特許調査には，国際特許分類，Fターム[7]などのコードを用いた方が確実であるが，その詳細は割愛する。

3　新事業の見つけ方と注意点

3.1　「つまり・だったら変換」で新事業を炙り出す

　過去半世紀以上に渡り多くの経営学者やコンサルタント会社で試行錯誤が行われてきた。基本的に共通項として下記が整理できる。

(1) ニーズにフィットしたシーズを提供する。

(2) ニーズ探索にはマーケティング活動が有効である。

(3) 高い技術革新の場合はシーズが先のケースもあり，その場合には用途探しで対応する。

(4) ニーズとシーズは一体感をもって，一気呵成に実施できるケースと，ある期間継続的にニーズとシーズが融合しながら顧客に認知される場合がある

(5) 結局，ケースバイケースであるが，各企業において企業30年説があるように，新たな事業を生み出し続けて行かないといつかジリ貧になってしまう。そのための取り組み方法は各社各様で工夫して進める必要がある。

　上記(1)から(5)まで記したが，少し裏付けを簡単に整理してみる。そもそも，産業革命後から第二次大戦が終了し，その後先進国が高度成長した時期までは，あまりニーズやシーズの話は経営学では話題に上らなかった。作れば売れる時代，すなわちプロダクトアウトで商売が成り立ち，各社が持つシーズを商品化すれば売れたのである。その後1980年代になって，経営戦略論が盛況になり，既存製品やサービスを提供する工夫（製品開発プロセスモデル）が功を奏しここまではあまりニーズやシーズの話をする経営学者は現れなかった。その後，いよいよ，先進国でも製品が売れなくなり，イノベーション（技術革新）理論や，売り方の知恵を教えるマーケット理論が活発に論議され出した。

7　先行技術調査をスピーディーに行う目的で開発された日本の特許庁独自の特許分類。

その結果ニーズとシーズが存在し，その両方から新たなアイデアが創出され，上記の製品開発プロセスを経て，市場に新製品が誕生するというストーリーが語られるようになった（Rothwell［5］（1992 年））。その後，櫻井［6］の日本における 1985 年から 2000 年に世の中にイノベーションを生み出した新製品ではシーズが先でその後，用途探しが行われることが多いという実証的研究（2002 年調査）もなされた。そして日本では，織畑［7］（2001 年）や藤本［8］（2001 年）ではニーズとシーズのどちらが先かの論議ではなく，ニーズとシーズの融合，すなわち潜在化する市場ニーズの洞察と技術革新による競争障壁のシーズ構築の組み合わせとして捉えることが重要であるとの考え方が表明された。今日ではニーズとシーズの融合でイノベーションを実現する新製品が市場に投入されるという考え方が一般化している。

　以上，解説した内容とは一線を引く活動として，実際の民間企業を対象とした新たな新事業を見つける方法が考案された。具体的には日本能率協会コンサルタント社の「SN 変換」である。この方法はその後同社の社長に就任した近藤修司氏が考案し，企業指導を行った。なおその後，近藤氏は北陸先端科学技術大学院大学の教授となった。そのやり方は同社の企業研究内容紹介によると下記である。

　「『SN 変換』とは，従来は存在しない新商品・新用途のアイデア発想を円滑にするために，自社の技術的な特性（シーズ）を『顧客にどのような利点（機能）を与え得るか』という顧客側の言葉（ニーズ）に変換し，新たな使い方を抽出するための発想技法である」。要約すると「シーズ」➡「ニーズ」し，その後「ニーズ」と「マーケット」のマトリックスから「新用途・新市場候補を抽出」する新商品や新用途をアイデア発想する方法論である。この手順からわかることは，企業側にシーズがあることを前提とした活動である。

　この「SN 変換」の考え方を技術移転に係わる目利き人材育成プログラムの 1 つとして，独立行政法人科学技術振興機構（JST）が取り入れ，全国の大学に点在する産学連携組織のコーディネータやマネージャーなどの専門家を対象に実施したことにより，本「SN 変換」の普及が進んだ。筆者も本プログラムを受けた 1 人である。

　この方法論は，専門家志向が強く，取り付き難さがある。そこで，筆者が上

記の一連の内容を踏まえ**「つまり・だったら変換」**を考え出した。つまり，
「SN 変換」の良いところを活かしつつ，中小製造企業の経営者が取り組みや
すいように構成したものである。

　「つまり・だったら変換」の枠組みを図表 5-1 で示す。このフレームワーク
は，「既にある自社の価値の確認」と「新たに自社から生まれる価値の確認」
の２つの段階で出来ている。それぞれは，4 枚のカードで組みになっている。
前段では，**「つまり，どんな」**事業（価値提供）を行っているのかの質問に答
え，後段では，**「だったら，何ができるか」**（価値提案）を考えるように構成し
ている。

図表 5-1　つまり・だったら変換

既に自社にある価値の確認

価値生産の現場	現行商品	顧客課題の現場
③ つまり， どう作っているの？	② 現行商品の 構成モジュール	④ つまり， 何を解決しているの？
①　　そもそも何のために， 　　　新規事業をしなければならないのか？		

新たに自社から生み出す価値の確認

価値生産の現場	新規商品	顧客課題の現場
⑦ だったら， どう作ればいいの？	⑥ 新規商品の 構成モジュール	⑤ だったら， 何を解決すべきか？
⑧　　新規事業を成功させるための 　　　勝敗ポイント，防衛するもの，事業永続策は？		

出所：SN 変換を基に筆者作成

3.2　既にある自社の価値の確認

　最初の取り組みは，現行事業の棚卸しである。一般的な取り組みだと，顧客のニーズを考えずにプロダクトアウト型になってしまいがち。あるいは，一方的に顧客のニーズと思い込んで，製品企画をしがちである。どちらも片思いとなる。それよりも，既に売れている商品から発想した方が現実的である。売れているモノは事実であり，そこには必ずニーズがあるからである。丸付き数字は，考える順番となる。

（図表 5-1 の上側・既に自社にある価値の確認の仕方）

① そもそも何のために，新規事業をしなければならないかの動機や状況を記述する。新規事業に取り組まざるを得ない訳があるはずだからである。ここは，現在の事業での技術を深めるのか，既存事業を新顧客に展開するのか，それとも新たな事業ドメインへの転換を目指すかの企画の方向性を決めるので，社長さんの経営への問題意識を書いて欲しい。さらに，新規事業には様々な制約条件がある。例えば，既存取引への影響度などを記述する。

② 最も売れている商品や顧客の評価が高いモノについて記述する。1つの商品は複数のモジュールで構成されているはずなので，分解して表記する。ハード部分だけでなく，サービスなども構成要素となる。

③ 構成モジュールをどのように作っているのかを「価値生産の現場」（シーズ）の視点で技術や設備を記述する。社内だけでなくサプライヤーから調達しているものを含めてもよい。また，○○の工程を担う職人の△△さん，というのもある。これらは，いずれも自社の価値生産のシーズ源泉となる。

④ 顧客課題（ニーズ）の視点から，顧客課題の何を解決しているのかを記述する。実際のところ，顧客本人ではないので真相は不明なのだが，自身が顧客だったらと想定して記述する。

書き終わったら，それぞれのカードを並べて図表 5-1 のフレームワークに沿って俯瞰してみよう。生産現場での活動と顧客価値の結びつきが，おぼろげながらも浮上してくるはずである。すると，顧客にもっと評価してもらえるには，何を強化すればよいのか，補強すべきなのかのヒントが得られる。逆に，評価に結びついていない作業が見つかるかもしれない。あるいは，社長さんの事業を必要としている別の顧客を見いだせるかもしれない。もちろん，この評価が

正しいのかの仮説検証や収益性のチェックは必要であるが，全体像が明確に
なったはずである。

3.3　顧客の気持ちに刺さる FIT（ぴったり）をデザインする

　社長さんが記したカード内容は事実に基づく内容であるが，蟻の目（近視眼
的見方）になっている可能性がある。

　そこで鷹の目（俯瞰的見方）で ① から ④ までのカード記載内容を見直して
みてほしい（図表 5-2）。

　図表 5-1 で記載した ① 〜 ④ は，机上からは生まれない。汗と油にまみれた
現場から生まれるものなのである。図表 5-1 で示したフレームワークである
「すでに自社にある価値の確認」と「新たに自社から生み出す価値の確認」の
2 つの現場とは，(1) 価値を生産する現場（製品の提供価値）と (2) 価値を消費
する現場（顧客のニーズ）の二つがある。だが，過去において，現場の視点は
蟻の目（b）であり，手近に見えるところに解決策を探りがちであった。これ
は，価値生産の現場でも顧客課題解決の現場のどちらでも起きがちである。

　(1) 価値を生産する現場と (2) 価値を消費する現場の両方を見据えた解決策を
探索する全体像を俯瞰する鷲の目（a）が求められるが，ともすると近視眼的
見方である蟻の目（b）では在り来りの解決策となりがちで，現状打破が難し

図表 5-2　鷹の目と蟻の目

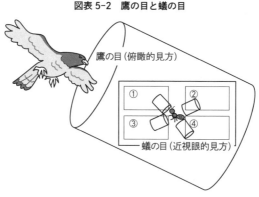

出所：筆者作成

図表 5-3　顧客の気持ちに刺さる FIT（ぴったり）をデザインする

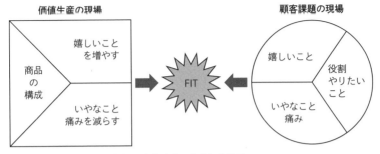

出所：アレックス，関美和訳［9］を基に筆者加筆修正

い。一方で，鷲の目（a）では，現状打破の方向性は示されるものの，ともすると，かっこの良い絵を描き現実味の無い作文になりがちである。鷲の目（a）と蟻の目（b）の両方が必要な所以である。実効性の高いアイデア出しには，この鷲の目（a）・蟻の目（b）の両者をセットにして同時に構想する必要がある。図表 5-3（**アレックス【9】**）は，(1)価値を生産する現場と(2)価値を消費する現場の両方を，鷲の目（a）で構想するフレームワークの１つである。

3.4　新たに自社から生み出す価値の確認

　ここでの発想は，図表 5-1 の②現行商品の構成モジュールで明らかになった自社の価値生産のシーズ（源泉）があったとして，新たにビジネスを開始するとしたら，何が出来るかにおく。イメージとしてブロックの組み立て玩具の「自動車」をバラバラにして，手元に残ったブロックを使って何かを再組み立てする遊びを思い浮かべて欲しい。再び「自動車」かもしれないし，「船」かもしれないし，「ビル」かもしれない。顧客のニーズは顧客のインサイトの影かもしれないのだが，3.2項であぶり出した価値生産のシーズ（源泉）を再構築してできる新規事業を考えることにする。

（図表 5-1 の下側・新たに自社から生み出す価値の確認の仕方）

⑤ まずは，「顧客課題の現場」から始める。図表 5-3 の顧客の役割・やりたいこと，嬉しいこと，嫌なことや痛みを図表 5-1 のフレームワークに沿って

仮置きする。

⑥ それを解決するには，どんな機能が求められるのかを，モジュールに置き換え，その総体としての商品を設定する。

⑦ そのモジュールを現有のシーズで組み立てる。

⑧ 企画した商品の強み，業界動向と市場性，技術の強みの評価を行う。現有のシーズの力不足は，強化や新たに導入が必要となる。最後に，全体を見直す。第一段階の ① で記述した「自社の状況把握と方向性は一致しているだろうか？」の確認をする

3.5 『つまり・だったら変換』の優れている点の確認

　顧客の気持ちになって，顧客の役割・やりたいことは何か，やってくれて嬉しいこと，現状で嫌なことや痛みを感じ取り，それらの顧客のニーズに応える商品の構成についてアイデア出しをする。だが，現実の解決は，地べたを這いずり回らないと得られない。

　この難題を解決するために，蟻の目（b）視点の「つまり・だったら変換」[8] というフレームワークを併用する。この方法論は，モノづくり現場の皆さんが無意識に行っている思考を体系化したもので，現実に売れているモノから出発するところが特徴である。売れるかもしれないことから出発するのとは大違いである。この点が SN 変換と異なるところである。現実に売れている理由を，顧客課題の現場の視点で，やりたいことは何か，やってくれて嬉しいこと，現状で嫌なことや痛みは何か，それらをどの様な商品構成で解決しているのかを図表5-3の枠組みに沿って振り返る点にある。

3.6 「つまり・だったら変換」の実施上の注意点など

　適切な事例で紹介をすることを当初試みたが，事例内容を理解されている読者でないと全く響く事例にはならず，記載することをあきらめた。ここでは下記の２つの区分（(1)と(2)）で，実施上特に注意すべきことを記載する。

8　新事業探索に活用されている「SN 変換」をベースとするフレームワークの一種。「S」は自社の特異的な技術（Seeds）を表し，「N」は顧客の課題解決（Needs）のこと。

⑴ 販売相手の顧客が企業か一般消費者かによる分類

　　・B to B（＝Business to Business）型

　　・B to C（＝Business to Customer）型

　上記分類では，B to B 型の場合には，すでに取引されている場合や取引をしていなくてもほぼ話を聴いてもらえる顧客が想定される時には③を踏まえ⑦の試作やポンチ絵などを提示し具体的に「顧客の何を解決できるか？」や「顧客の何を解決すべきと考えているか？」を率直に話し，既存顧客や想定する新たな新顧客に直接会って真の顧客のニーズを聞くことが最も大切であり，「つまり・だったら変換」の中味の実施有無を決定するための確証を得ることができる。これは日常の取引で行われる「生産財の提案活動」として実施することと同様である。ここで1点注意すべきことは，決して顧客側に③や⑦のシーズ技術を「貴社では何か使えるところはありませんか」などと聞いてはいけない。自社の「つまり・だったら変換」で考え抜いた解決すべき内容を提示することに徹するべきである。そうすると，顧客からその内容に対し有力な回答が得られるはずである。

　一方，B to C 型の場合には，大企業でも同じだが顧客のインサイトを引き出すのは不可能に近い。また前述した通り，不特定多数のアンケート調査やヒアリング調査をしても，新たな自社から生み出す価値の確証は得られないと思われる。その場合には図表序-5 に示した項目の内，外に開示することがなさそうな家族，親せき縁者，従業員（含む役員）などの中で，その内容に興味を示しそうな方に絞りヒアリングしてみることである。

⑵ 原材料から製品製造までのすべての工程別分類

　　・**素材メーカー（上流工程）**：基の素材を製造する。例えば，銑鉄メーカー，木材から紙を作る製紙メーカー，原油からナフサを作る化学メーカーなどである。

　　・**部品メーカー（中流工程）**：電子部品や金属製品など製品の一部を製造する電子部品メーカー，金属部品メーカー，などがある。

　　・**加工メーカー（下流工程）**：素材や部品を加工したり組み立てたりして，最終製品を製造する車両メーカー（特殊車両

他）や食品メーカー，医薬品メーカーなどが
ある。

・**総合メーカー（最下流工程）**：素材から最終製品製造までの全ての工程（複
　　　　　　　　　　　　　　数の工程の場合もある）を自社で行うメー
　　　　　　　　　　　　　　カー。大手の総合化学メーカーや大手製薬
　　　　　　　　　　　　　　メーカーなどがある。この範疇は大企業が
　　　　　　　　　　　　　　多いが，今話題のニッチトップ企業の中に
　　　　　　　　　　　　　　存在する。

　上記の分類では「つまり・だったら変換」をする上でのテクニックではない
のであるが，現在自社が保有している価値生産の現場で保有している技術・工
法などのノウハウの他に，その前後の工程を取り込み，さらなる高みの技術獲
得・工法獲得を志向することが多くある。その際，大切な意思決定として社長
さんが，自社で自ら前後工程や経験のない工程を取り込むか，気心の知れた社
長さんの友人企業に依頼し共同で実施すべきかを「つまり・だったら変換」の
実施時点で決断する必要がある[9]。なお，各工程別や業種別での取り組み上の
工夫もあろうが，筆者が確信を持って言える情報はない。(1) 項の相手の顧客
が企業か一般消費者かによる分類に記載事項も参照願いたい。

4　事業計画に「新たに自社から生み出す価値」を落とし込む

　ここで終わってしまったらもったいない。自社の事業計画に 3 節の図表 5-1
の「つまり・だったら変換」の「新たに自社から生み出す価値」＝「新たな事
業構想」を落とし込む必要がある。

4.1　新たに自社から生み出す価値の事業計画書への落とし込み
　ここまでに構想してきた「新たな事業構想」を事業計画書に落とし込むため
に，まず事業計画書準備シートを用意し，① 製品やサービスという技術と顧

9　近年は，日本でも，このような意思決定時に新たな工程や技術取り込みに M&A を活用し，自
社配下の企業にしてしまう場合が現れている。なお欧米では，すでに何十年も前からそれが行われ
てきた。日本はその点，下請型企業構造があり，行われることがなかった。

図表 5-4　事業計画書準備シートの作成

		できます	儲かります
	売れるの？	ニーズ 顧客の声 先行事例	商品イメージ 国の統計など から推定需要 内，占有目標
企業支援者の抱く疑問	勝てるの？	製造実績 優位技術 生産設備	収益の流れ コスト構造 販売・利益計画
	実現性は？	開発体制 生産体制 パートナー	販売チャネル 販売体制 販促対策

製品やサービス 技術と顧客の視点

販売・利益 事業の視点

社長さんの主張

社長さんの覚悟

出所：筆者作成

客の視点（できます）と ② 販売：利益という事業の視点（儲かります）に分
けて整理するとわかりやすい。

　事業計画書準備シートには横軸に社長さんの主張として，前述した ① 技術
と顧客の視点（できます）と ② 事業の視点（儲かります）項目を取り，縦軸
に新規事業の遂行を支援する投資家や金融機関など企業支援者の抱く疑問項目
（売れるの？　勝てるの？　実現性は？）を取る（図表5-4 参照）。

　ここで，横軸左側の「できます」は前節の『つまり・だったら変換』から導
かれる技術と顧客の視点である。当社にそれを実現できる技術力や実績があ
り，顧客へのヒアリングなどから市場性があることを記述する。

　横軸右側の「儲かります」は，それを販売・利益計画に焼き直した事業の視
点である。ここでは，如何に実現するのかを具体的な実施体制を含めて，いつ
までに何を達成するかを記述する必要がある。これだけでは社長さんの独りよ

がりになってしまう。

　そこで縦軸で投資家や金融機関などの企業支援者の疑問にも答えていなければ事業計画書としては不十分である。その項目が前述した縦の（売れるの？　勝てるの？　実現性は？）である。

　この内，本当に「売れるのか？」，競合他社と戦って「勝てるのか？」については，調査データなどからも評価する。この2つの質問をクリアできることを前提として，3つ目の「実現性は？」の項目が決め手となる。ここでは，社長さんのリーダーシップが問われている。我社だからできる，どんな体制で取り組むのか，当事者としての覚悟が文面から感じられなければならない。具体的に，「○○年△△月までに□□円の営業利益を達成する」という様な具体的な表現とする。これは，「新たに自社から生み出す価値である」だけでは，新規事業化の覚悟が感じられないからである。

　先行事例は，必ずしも当該新規事業に係わらず，顧客のインサイト（隠れた動機）や技術動向に照らして，当該新規事業に転用できる事例でも良い。

　推定需要は，そもそもピッタリな調査報告がないのがほとんどである。そんな場合には，複数の統計データを組み合わせて需要を推定する。その全体需要の内，何割の市場占有率を目指せるのかを，我社の実力に応じて記載する。どの様な新規事業なのか，ビジュアルな画像で描くとイメージしやすい。

　製造実績は，当該新規事業に取り組める能力として記述する。また，他ならぬ当社だから取り組むのだという意思表示ともなる。

　収益の流れ，コスト構造は，技術面での優位性と合わせて，事業競争力の指標となる。先の推定需要と合わせて，図表5-5の販売・利益計画に反映させる。

　社長さんの覚悟は，どの様にして計画を実現していくのかの表明となる。社外のパートナーや商品の価値を実感させるための販売チャネル含め，どの様な体制を組んで計画を実現していくのかを記述する。

4.2　外部の知恵を活用し経営革新計画を策定

　外部の知恵を活用とは，中小企業庁，2022年『経営革新計画ガイドブック』［10］に沿って事業計画書を作成することである。経営革新計画は企業等経営

図表 5-5　販売・利益計画書

	2年前	1年前	直近期末	1年後	2年後	3年後	4年後	5年後
① 売上高								
② 売上原価								
③ 売上総利益（①－②）								
④ 販売費及び一般管理費								
⑤ 営業利益								
⑥ 営業外費用								
⑦ 経常利益（⑤－⑥）								
⑧ 人件費								
⑨ 設備投資額								
⑩ 運転資金								
⑪ 減価償却額								
⑫ 付加価値額（⑤＋⑧＋⑪）								
⑬ 従業員数								
⑭ 一人当たりの付加価値額（⑫÷⑬）								

出所：経営革新計画［10］　別表3

強化法に基づき，社長さん自らが作成する経営計画を，都道府県が承認する制度である。商工会議所や商工会で対応してくれ，費用負担もないので活用をお奨めする。

　主役は社長さんご自身であることには変わりないが，社長さんお一人で事業計画を練っていると，どうしても抜け・見落としが起こりがちである。これを避けるには，第三者の視点での見直しを通過すべきである。ここで言う第三者の視点とは，助けてもらうことではないことに留意すべきである。これは別の言い方をすれば第三者を鏡に見立てて計画を見直すと表現してもよい。第三者の視点を取り込むための方策の1つとして，この『経営革新計画』を活用する

ことをお勧めする。

　経営革新計画書には，事業計画の雛形が用意されているので，これに沿って記述すると良い。事業計画書の雛形[10] は，各都道府県のサイトからダウンロードできる。

　販売・利益計画は，図表5-5の損益計算書の形式で記述する。既存事業は，過去3年の経緯から5年後までの予測を記述する。新規事業は，5年後までの計画を記述する。それぞれ，付加価値と1人当たりの付加価値額を，計算式① と ② で計算する。

付加価値＝営業利益＋人件費＋減価償却費 ……………………………………… ①
1人当たり付加価値額＝付加価値÷当該事業の従業員数 ……………………… ②

　既存事業の販売・利益予測と新規事業の販売・利益計画および両者を合算した全体販売・利益計画も作成する。こうすることで，新規事業の貢献度を見積ることができる。

　図表5-5フォーマットで，既存事業版と新規事業版，事業全体版（別表3）を作成する。その3つを比較することで，事業全体の比重がどちらに移行していくかが見えてくる。ともすると，こうした販売・利益計画は前年度比や，「できたら良いな」になりがちである。

　経営革新計画は，その根拠や実現体制を明らかにすることを求めている。それに応えることで，実現性の高い事業計画を立案することが可能となる。

4.3　補助金制度を活用した実施体制の構築

　新規事業には業務改革が伴うが，補助金制度は業務改革のツールとしても活用できる。補助金は，国や自治体の政策目標の実現に取り組んだ事業者に支給されるお金のことで，申請の前に認定支援機関の事前評価を受ける必要がある。お薦めは地元の信用金庫である。事業の実施に資金調達は欠かせず，補助

10　「経営革新計画　都道府県名」でネットを検索する。東京都の場合：産業労働局（中小企業経営革新計画に関する手続き）にある。
　　https://www.sangyo-rodo.metro.tokyo.lg.jp/sinsei/shoko/kakushin/

金事業の事前評価を受けることを通じて金融機関に資金需要を伝えることができる。

　利用にあたっての注意点は，補助金はあくまで国の政策実現を第一義としていることで，社長さんの会社を助けてくれる制度ではないことである。誤った利用は会社の経営に悪影響を及ぼす。補助金コンサルタントに依頼すると，通り易い申請書を代筆してくれる。だが，新規事業の目的を歪めかねないので依頼は避けた方がよい。補助金制度を活用するとしても，社長さんご自身が申請書類を書くことを前提とすべきである。

　補助金の立て付けに依存する事業計画も避けるべきである。国の政策は普遍のものではなく，政権の交代や所管する省庁の担当者の人事異動などに伴い，枠組みが変更されたり廃止されたりすることがある。梯子が外されても困らないように利用すべきである。

　補助金でよくある誤解についても触れておく。補助金でお金が貰えると勘違いしている経営者がいるが，大間違いである。少ない投資で新規事業に取り組めるのであるから喜ばしいことなのではあるが，自分が投資した資金のうちの一部が補助金事業完了後の翌年度に成功報酬としてキャッシュバックされるだけである。もう1つは，公金を使うので当たり前と言えば当たり前なのだが，適正に機材や部材等の仕入れが行われ，適切に使用されたのかの記録や会計処理が求められることである。ここが不十分だと補助金は支払われない。補助金事業の記録と会計処理を本業の事業と分けることが必要となり，結構な管理コストがかかることも覚悟しておかねばならない。

　それでも，補助金制度は新規事業を推進するに当たっての強力な武器になる。1つは，金融機関との関係強化である。補助金は国の制度なので，補助金への応募を理由とすれば，金融機関は当社の事業計画の事前評価を拒めない。2つ目は，お取引先へのアピールである。補助金事業に採択されることは，国のお墨付きを得たのと同等で，当社の信用度アップにつながる。3つ目は，社内の意識改革や業務改革[11] である。一般に，新たな取り組みには抵抗が避けられない。業務改革を伴う場合には，これまでと異なる仕事の進め方に反発が起

11　補助金事業に伴う事務手続きには，業務プロセスの改善に結びつく具体的な手順が詰まっている。

こる場合がある。共感を得て推進するのが本筋なのだが，国の制度であること
を理由にすると，いままでとは違った仕事の仕方をすることへの納得感を得や
すい。

5　本格実施その前に・展示会で仮説を検証する

　事業計画書は，どんなに慎重に作成しても所詮は紙に過ぎない。売れるかも
しれないは仮説であり，壮大な思い込みにしか過ぎないかもしれないのであ
る。そこで，本格的に事業を開始する前に仮説を検証する必要があるが，残念
なことに人間の頭脳は，まだ存在しないものへの価値判断が出来るようには出
来ていないのである。実物を見せられて，実物を手に取ったときに，「これ
が，欲しかった」と言うことになる。例えば，i-Phone がある。それは，電話
もでき，ポケットに入るゲーム機であり，写真をネットに送れる小型端末だっ
たことにある。既にネットに繋がる携帯電話（i-mode）やネット送信機能の
あるカメラはあった。だが，所詮それらは電話やカメラの付属品でしかなかっ
た。i-Phone とそれまでの製品は，根本的に変わったのである。その違いは，
どんなに事前調査などをしてもわからなかったであろう。人は，自分が本当に
欲しているものに気づいていない。実物を提示されて始めてニーズが顕在化す
る存在なのである。この意味で，試作品をいきなり市場に投入して仮説検証を
繰り返す中国企業の手法は極めて理にかなっている。我が国では，国民性もあ
り，こうした粗っぽい手法は取れないが，展示会であれば許されるであろう。
　試作も上手く行った。性能も目標をクリアした。直ぐにも生産に着手したい
という心情は十分に理解できる。早く競合他社を出し抜いて，市場を制したい
という思惑も理解できる。だが，その前に市場評価実験をされることをお奨め
する。なぜならば，これから先は後戻りできなくなるからである。市場性があ
る，売れるというのも，妄想に過ぎないかもしれないからである。市場調査を
していたとしても，社長さんや自社の都合のよい解釈になりがちだからである。

(1) 筆者の体験した失敗談
　筆者がかつて在籍した OEM メーカーでの体験を話してみたい。そのメー

カーでは自社製品と OEM 製品の割合が半々程度であり，利益率の高い自社製品の割合を高めることを目論んだのである。

　自社製品は，販売代理店を通じての訪問販売製品であった。その製品には，お客様の要望を取り入れ，様々なオプションが後付けされ，建て増しされた温泉旅館の様なごちゃごちゃとした構成になっていた。

　購買履歴を見ると，ほとんどのお客様がフル装備を選択されていた。これらのオプションを取り込み一体化すれば，さらに商品価値が向上すると考えるのは自然の流れであった。販売代理店や利用者へのヒアリングでも好意的な反応であった。だが，実際は大外れとなった。

⑵ 製品化に着手する前に仮説検証を

　製品化を進めると，原材料や仕掛かり在庫を含め，膨大な在庫が積み上がってしまう。それらはすべて資金がモノに化けたものである。会計上は資産であるが，販売に結びつかなければ負の資産に変貌してしまう。そのまま持ち続ければ在庫費用が積み上がる。経営上は早めに処分して身軽になるべきだということは分かっていても，開発にかけた思い入れがあって身動きが取れなくなってしまう。そうした事態にならないためにも，当初の見込みから外れたならば，速やかに方針転換を行える小さな取り組みから出発し，仮説検証を繰り返しながら漸進すべきである。

⑶ 仮説検証は，具体的な情景が浮かぶように行う

　たとえ事前調査を十分に行ったつもりでも，大外れすることはある。それは，聞いた相手や質問が間違っているからである。人は，既に知っているものにしか回答できない。

　だから，できるだけ目に見える形，手に触れる状態で問いかけるべきである。ペーパークラフトでもよい，クレイモデルでもよい，実際に動かなくともよいから，具体的な利用状況が思い浮かぶように問いかけるべきである。要は，具体的に利用シーンを思い浮かべられるように問いかけるべきだったのである。正しい相手に，見える形で，適切な質問をしない限り仮説検証にはならないからである。

⑷ 展示会を仮説検証に活用する

　こうした失敗に陥らないためにも，製品化を急いではならない。展示会[12] への出品，モニター，テスト販売などで市場仮説の検証を行ってからでも遅くはない。注意点は，特許出願などは展示会などの市場仮説検証の前に完了しておくこと。なぜならば，社外に発表した時点で公知の事実となり，特許を取得できなくなるからである。

　展示会というと，新たな顧客開拓の一環として捉えるのが一般的だが，市場仮説の検証にも極めて有効である。試作段階だと意見を言いたがる人がいる。どちらかと言うと，辛口の意見が多いのだが，それは市場投入したときに直面する問題である可能性が高い。中には，「そんなことが出来るのだったら，こんなことは出来る？」という反応もある。いずれも，新たな気づきが得られる貴重な機会なのである。

⑸ 展示は，来訪者とその反応を予測して臨む

　注意点としては，漠然と試作品を並べるのではなく，展示会のブースに立ち寄りそうな顧客層とその反応を予め設定しておくことである。実際に訪れた人と反応と当初の想定の相違で仮説を検証する。実際のところ展示する試作品は動かないモックアップでもかまわない。利用シーンを思い浮かばせるコンピュータ・グラフィックでもかまわないのである。むしろ，ブースへの来訪者の勝手な妄想を膨らますようなものが望ましい。その妄想をしっかりとキャッチし，仮説検証に結びつけることである。

⑹ 自社らしさが大切

　既存の取引先の反応も大切な情報となる。成功する新規事業には，他から見て，「〇〇社さんらしいね」と感じさせる何かがある。「何でそんなことするの？」と，違和感を取引先に抱かせたのであれば，どこに違和感を覚えるのか

12　展示会の出展には，控えめに見積もっても数百万円かかる。御社が定期的に出展されている展示会があるとすれば，その隅っこを活用させてもらっても良いかもしれない。もう1つは，中小機構や自治体が主催する展示会（新価値創造展や産業交流展など）である。総花的で的を絞れない難点はあるが，費用も数十万円と負担が軽くなる。商工会議所や商工会や自治体の企画に便乗できれば，出店料が無料となるケースもある。

を聞き出し，見ず知らずの人からの辛辣な評価，取引先が抱いた違和感，いずれも上市すれば直面する問題となる。早い段階で，それらを把握できればギャップを埋めやすくなる。

6　小規模事業者のための特許活用術

6.1　権利は広く，秘伝は伏せる，公知の事実化も検討

　この本を手に取った方であれば，特許・意匠・商標・著作権など知財の大切さは十分にご存じのはずである。だが，経営資源に限りのある中小企業では大手と同様の知財戦略で対抗するのは無理がある。大手の知財は，中核となる知財を面で支えている。自社の主要技術を固めるため周辺の類似技術を固めておく構成になっている。すなわち，1つの商品でも複数の知財で構成されている。これが，中核となる特許を支える特許戦略である。社長さんの会社で中核となる技術を特許で押さえていたとしても，その周辺を関連する特許で包囲されては身動きが取れなくなってしまう。第1章注2で，アイデアを大手がただ取りする話を紹介したが，これでは自立の道すら塞がれてしまう。

　かつて筆者の在籍していた OEM メーカーでは，水処理装置の中核特許を保有していた。理屈の上では，これで製品ができるように思われるかもしれないが，それだけでは実際に市場に出せる製品とはならない。それは，水が処理装置の内部を均一に流れないためである。それでは，処理結果が安定せず，処理効率も低下してしまう。これを改善させるための手立てとして定流弁や整流板などを組み合わせて流れを均一化させていた。仮に，ここを大手に特許で押さえられると，中核特許を持っていても自社独占製品と呼べなくなってしまう。ここを避けるには，自社で特許を保有するのが望ましい。これが，困難な場合には，中小製造業の奥の手としてあえて公知の事実化してしまう手段がある。実用新案や公刊されている雑誌などで公表してしまう手立てである。こうすればだれも特許を取れなくなるからである。中核となるほどの技術ではないが，他社に権利化されてはやっかいな技術には，『公知の事実化』という手段も検討すべきである。但し公知の事実であるという証拠は残しておくこと。仮に他社が出願したとしても，特許化を阻止することができるからである。資金力に

欠ける中小企業の知財戦はこのように防衛すべきであろう。簡単には制圧できない抑止力としての知財管理を心がけるべきである。

　残念なことに中小企業の出願された特許の多くはとても大手メーカーの特許戦略を阻止できる構成にはなっていないのが実態である。抜け穴だらけで，秘伝のレシピーまで開陳してしまっている特許が散見される。

　権利の幅（特許請求の範囲）はできるだけ広く，相手に教える情報（実施例）は最小限に（ノウハウまで書いてはならない），が強い特許の基本となる。このためには，出願手続きを弁理士さん任せにしないことが大切である。実際の事務手続きは依頼するとしても，特許請求の範囲および実施例に関しては，社長さんが主体性を持たねばならない。強い特許にするのは社長さんの力量次第である。では，どうすれば強い特許にできるとかと言えば，他社がどの様に特許を書いているかを知るのが近道である。競合先や取引先の特許を回避できるかのあら探しをしてみよう。すると，強い特許と弱い特許の違いがどこにあるのかが見えてくるはずである。

6.2　知財強化の合わせ技

　それは，特許と合わせて意匠も出願するという方法である。特許は，技術上の新規性や産業への貢献性などが問われるので，かなりハードルの高い挑戦となる。出願した特許が成立するとは限らないし，成立したとしても完璧な防禦は不可能と考えるべきである。その点，意匠は過去に類似性がなければ認められる可能性が高い。デザインは，特許請求範囲の実施事例図とほとんど同じでもかまわない。特許の抜け道を見つけられたとしても，その構造を意匠で押さえられれば，防禦性が高まる。この方法は，構造を伴う知財にしか使えないのが難点ではあるのだが，特許の抜け道塞ぎには効果的である。

7　終わりに一言

　社長さんも，ご家族やご自身のために，その課題を解決する便利グッズを会社の部材と工作機械で作った覚えがあるはずである。ひょっとして，それは他の人も必要としていたかもしれない。無意識の内に，新製品開発をしていたの

かもしれません。ご自身も生活者の一人であることを思い出し，ここまで述べてきたプロセスを通じて，高付加価値企業への躍進を目指していただければ，筆者にとって望外の喜びとするところである。

（執筆　渡邉　惠）

参考文献

[1] 流通科学大学（2020年）『高付加価値化』https://xtrend.nikkei.com/atcl/word/00/00001/00253/
[2] iFinance（2022年）『高付加価値商品』https://www.ifinance.ne.jp/glossary/business/bus159.html
[3] 櫻井敬三・高橋文行・黃八洙・安田知絵（2017年）『成功に導く中小製造企業のアジア戦略』，文眞堂
[4] 櫻井敬三（2022年）『企業訪問リスト』
　　https://sakurai-isvcc.org/
[5] Rothwell, R. 1992, "Successful Industrial Innovation : Critical Factors for The 1990s" R & D Management, Vol.22, No.3, pp.221-239
[6] 櫻井敬三（2017年）『ファジーフロントエンド活動による技術革新創成』，文眞堂
[7] 織畑基一（2001年）『ラジカル・イノベーション戦略』日本経済新聞社
[8] 藤本隆宏（2001年）『生産マネジメント入門Ⅱ』日本経済新聞社
[9] アレックス・オスターワルダー，イヴ・ビニュール，グレッグ・ベルナーダ，アラン・スミス（2015年）『Value Proposition Design』，（関美和 訳），翔泳社
[10] 中小企業庁，2022年『経営革新計画ガイドブック』https://www.chusho.meti.go.jp/keiei/kakushin/pamphlet/2022/kakushin.pdf

第**6**章

画期的な改革の進め方
（イノベーション誕生にはビジョン策定と
統合アプローチ）

　本章では今まで慣れ親しんだ課題解決アプローチを一旦忘れ，新たな問題解決アプローチを活用することを提言する。理由は画期的な革新を生み出すためである。そのため企業の基本理念を明確に設定し，活動がぶれることなく持続しつつ，イノベーションを生み出す必要がある。そのため慣れ親しんだ分析経営から創造的経営へシフトするアプローチを実践する。具体的にはビジョン策定を行うため，社長さんの思いをスタートとしコンセプトシートの5項目（志，使命，意図，価値観，理念）は矛盾がないように記載する。その後，志（ビジョン）を明確に理解してもらうためにビジョン系統図を作図する。また使命（社長さんの方針－ミッション）を明確にするためのひな型（顧客軸と仕事軸）のレーダーチャートのどこをめざすか明らかにするのである（5節）。

　社長さん自身の資質に関する見方について，話しにならない社長さんからこれこそ社長さんまでの4通りで説明する（1節）。次に従来の経営戦略をいくら活用しても新たな着想は閃かないことに言及する（2節）。ではどうするかで分析と統合の考え方の相違を明らかにした上でポーターの経営戦略（分析）と楠木の戦略ストーリー（統合）の合体によるキラーパスを出現する方法論を説明する（3節）。ここでビジョンとは，どのような内容かを改めて整理した上で，画期的な革新の進め方の肝となる① 企業のビジョン，② イノベーション，③ 創造的経営への脱皮の観点で整理する（4節）。

　ここまでの説明から画期的な革新を生み出す進め方の方向性を明記する。それは前述した通り，序章（図表序-11）で説明したコリンズらのビジョナリーカンパニーのキーワード（ビジョン（志），コアバリュー（価値観），アイデア（理念），パーパス（意図），ミッション（使命））の5つが重要であることを認識した上で，社長さんの思いを如何にして各ワードに落とし込むかについて具体的な事例で整理する（5.1項）。次にミッション（使命），すなわち，社長さんの方針を明らかにする方法について言及する（5.2項）。最後に社長さんは本活動を走りながら，考えながら，継続推進することを述べる（5.3項）。

0　第2章から第5章までの小括と第6章の結論

　第1章の図表1-1で示した通り，これからの日本の製造業は『① 必要なモノを必要なだけ生産する』，『② 社会に目配りして生産する』，『③ 真のパートナーシップで生産する』，『④ 真の顧客価値を実現するものを生産する』の4つの条件を満たさなければならないことを示し，その詳細を第2章から第5章までで説明した。本章では今まで慣れ親しんだ課題解決アプローチを一旦忘れ，ここで紹介する新たな問題解決アプローチを活用することを提言する。その理由は本章タイトル通り，『画期的な革新の進め方』をするためである。

　『画期的な革新』とはイノベーションを実現すること（図表6-1），すなわち

図表6-1　イノベーションの創出

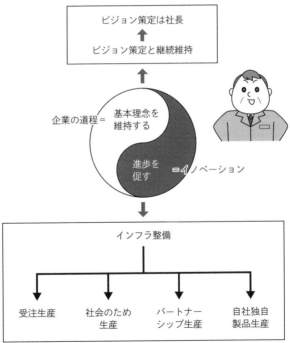

出所：円形内は『ビジョナリーカンパニー』（1995年) を引用し他は筆者加筆

図表 6-2　分析経営から創造的経営へ

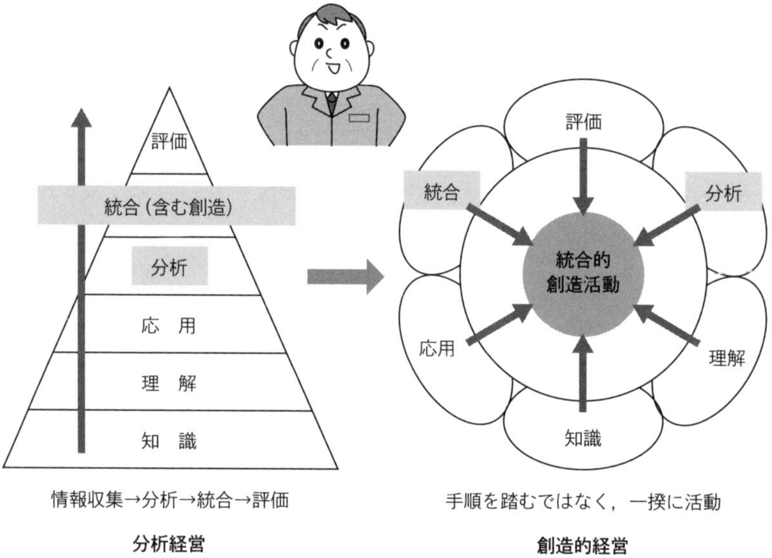

出所：筆者が作成

今まで他社や世の中で実現できていないこと（新製品や新サービスなど）の実現を考えることと，『革新の進め方』とは今までの分析経営から創造的経営へシフトすること（図表 6-2）である。

　図表 6-1 の真ん中の円内の文章は『ビジョナリーカンパニー』（1995 年）の第五章以下の各章の始めに書いてある内容で，「基本理念を維持する」とは企業の道程（道しるべ）の保持を意味し，「進歩を促す」とはイノベーションの実現を意味する。ここまでの章で説明してきた今までのやり方の抜本的改革を実現しなければならない新生産方式（含む研究開発から販売までのすべて）のイノベーション整備が重要であることを表している。なお図表 6-2 は，従来は左側の分析経営を『情報収集➡分析➡統合（含む創造）➡評価』のプロセスで実践し課題解決結果を求めてきている。しかし，そもそも全く異なる解決策を生み出すには過去分析をいくらしても意味がないことがある。そこで右側の創造的経営では，従来順番づけていた項目（知識，理解，応用，分析，統合，評価）をまったく同一水準として扱い，どの項目からでも有効な創造活動を行う

のである[1]。

1 駄目な社長さんとは

　画期的な改革は誰がするかであるが，いうまでもなく，社長さんが自ら行うことである。但し一部の中小企業の社長さんは勘違いをしている方がおられる。以下4つの事例でお話しする。普段の社長さんの言動から判断できる。

1.1 話にならない社長さんとは

　朝礼時社員に「何か儲かるモノを考えよ」「何かないのか」と言った具体的な条件もなければ，事例も紹介せず，聞くだけである。これでは全く社員はどう答えて良いかわかりません。また外部から招聘したコンサルタントに聞いている情けない社長さんも拝見する。

➡このような社長さんは社長としての自覚のない駄目社長である。

　先日，半年前に上場[2]したばかりの社長さん（40歳代後半）の講演を聞く機会があった。その社長さんは約20数年前に20歳代で起業し，数年前に著明な証券会社の方から「こんな事業内容では投資家が資金援助などしてくれませんよ」に奮起しご自身の過去行ってきた事業内容を見直し，1つの技術に絞り今後事業展開することとしたのである。その結果① 再興した事業が世にないこと，② 全国の大学病院とのネットワーク構築を急ぐこと，③ 技術ノウハウをさらに洗練化できることの3点で初期優位性を発揮できると判断し，一気呵成に事業を拡大する機会と考え上場を決意したことを淡々と話された。まだ限られたエリアだけの活動だが今後日本全体，そして世界も視野に入れていくという夢のある話をされた。そして最後に社長さん自身が顧客のためになると信じ

1　米国のカルフォルニア州立大学の科学系教授のノーマンはAnalysisとSynthesisを同一土俵で見ることができる課題解決者の出現が必要であるとの認識から小中高大の学びの中でどのようなこと（例えば知識，その理解，その応用，その評価）にもAnalysis（分析）とSynthesis（統合）を同じウエートで俯瞰しアイデア発想と具体化ができる人物の育成が重要であると言及している。すなわち，課題解決は画一的ではない。

2　日本では約3800社が上場し，2022年12月12日時点で64社/年が新たに上場している。決して多くはない。

取り組んでいると締め括った。会場から近々上場をすべく準備中という社長さんからの質問「その事業はどなたかのアドバイスがありましたか？」に対し，「私は，社員は無論，外部のコンサルタントからも一切，本事業についてアドバイスは受けていません。投資会社の方や銀行の方で，事業内容についてよく知っている人はいません。それを信じるようでは問題でしょう」。次に司会者から「綿密な将来計画が立てられていますね」に対して「上場していない時には毎年前年度の10％程度の売り上げ向上をといった安直な計画でした。今は投資していただいた方々に長く当社の株を持ち続けていただきたく思っています。そのため毎年対前年度の倍の売上向上でこれから10年間は伸ばしていくつもりです」。「今回，知ったのですが，上場し初値天井で，その後停滞が続く企業が多く散見され，そうならないようにします。お蔭様で，当社は目下投資家がさらに増え，当初期待通りに推移しています」。

　筆者は講演中何度となく講演者の社長さんが言われた言葉が印象に残っている。それは，『成長戦略』と『模倣困難性戦略』であった。イノベーションを起こす企業には，その後必ずそのまねを平気でする悪徳企業が現れる。その防衛策を綿密にする戦略が投資家を引き付けるのかもしれない。

1.2　最低の平凡な社長さんとは

　朝，会社に来て工場はよく巡回する。その際，現場社員によく声をかける。以前，社員のモチベーションを上げるため良いと県主催のイベントで経営コンサルタントの先生から聞いている。一回りして事務所に戻ると，技術管理課長を呼び，「○○作業の標準化はできたか」や「今月の品質問題はないか」など，工場管理事項について毎日，問い正す。工場管理表を作りその管理表を毎日朝一番に前日までのその月の集計値を提出させ，自身で現場を見て問題箇所を自分の目で確認に行く等はしていない。

➡現行製品や現行サービスでしか物事を考えられない。標準化作業を明らかにしても何も変わらない。

　スズキ自動車の前会長の鈴木修氏は，時間さえあれば工場（現場）に足を運び，その場で気づいたことをメモしその現場責任者に伝言したそうである。例えば機械の上にある蛍光灯の位置やラインの作業スピードが今日は遅くないか

など細かいことも気づきその場で対処したようである。社員はその経営者の姿勢に感激したという。

1.3　少しはましな社長さんとは

　以下は新たなイノベーションを生み出す際の社長さんの質問について記述する。社員から新たな製品や工法等について提案がなされた場合，社長さんから「新しい市場を狙ったものか」「急務である理由は何か」「競争相手はこの内容をすでに始めているか」「試作はいつまでにできるか」「この成果はいつ頃刈り取れるか」である［2］。

➡最初の質問以外は時間生産性の質問ばかりである。イノベーションを実現する過程で時間生産性を問うことは間違いである。IE（生産技術）での時間生産性を上げる，すなわち時間短縮活動をすることとは異次元の内容である。

1.4　これこそ社長さんが発すべき言葉

　1.3 項からの続きで，社員から新たな製品や工法等について提案がなされた場合，社長さんから「世界で初めて行うものか」「技術水準は世界で一番か」「その技術は市場にどのようなインパクトを与えるか」「当社の現保有技術との関連性はどうなっているか」「研究開発途中でその技術を他社に売ることはできるか」「提携先から技術を補強できる可能性はあるか」である［2］。

➡目指す目標が明確にわかる質問が重要である。これら質問からこれからの自社の進むべき道が明らかになる。イノベーション関係製品やサービスを事業化して成果を上げることが社長さんの仕事である。

2　従来の経営戦略では中小製造企業は生き残れない

2.1　経営戦略論の台頭

　アンゾフが考え出した戦略を練るためのフレームによる経営戦略論とは，1950 年代に経営活動において競合他社とのし烈な競争に打ち勝つために「アンゾフの成長マトリックス」と称し製品と市場の 2 軸を置き，それをさらに既存と新規に分けたフレームを作り自社の現状のポジションと近未来のポジショ

図表 6-3 アンゾフの製品・市場マトリックス

市場

	既存	新規
既存	Market Penetration 市場浸透	Market Development 市場開拓
新規	Product Development 製品開発	Deversification 多角化

製品

出所：［3］を引用

図表 6-4　ポーターの競争戦略

ポーターの 3 つの基本戦略		戦略的優位性	
		顧客が認める特異性	低コスト地位
戦略的ターゲット	全体	差別化戦略	コストリーダーシップ戦略
	特定セグメント	集中戦略（差別化集中・コスト集中）	

出所：『新訂 競争の戦略』と『戦略サファリ第 2 版』を参考し編集後引用（https://dyzo.consulting/895/）

ンを確認しながら経営活動の指針となる方向性と課題解決案の導き方をまとめた（図表 6-3）。

　その後 1980 年に入り，マイケル・ポーターは「競争優位の 3 つの基本戦略」と称し競争優位と競争範囲の 2 軸を置き，それをさらに前者は低コストと差別化，後者は広いターゲットと狭いターゲットに分けたフレームを作り自社の進むべき方向性を決めるための羅針盤として活用することを考えた（図表 6-4）。これらは新たな戦略を練る上の羅針盤として多くの企業で支持され活用された。

2.2　新規性のある戦略を生み出す方法の出現

2.1 項で示したポーターの競争優位戦略は経営方針を練る際の羅針盤としてのフレームとして多くの企業で活用されてきた。競争優位性を明らかにするためには，各社の固有技術や販売チャネルや経営資源や自社を取り巻くステークホルダーとの関係性を仔細に調査・分析することにより，競合他社との経営の進め方の差異（差別化，優位性など）を明確にするための道具立てとして有効であった。

しかし，各社がこのフレームを使用して新たな領域での新たなビジネスの形の変更をしていく限りにおいて，イノベーションを生み出すことはたやすいことではなく，またその格段の優位性を獲得することはできなくなってきた。そこで，楠木[4]では，このポーターのフレームで自社の置かれた環境を明らかにした上で「戦略ストーリー」と称する動的将来構想を志向し自社のゴールイメージを明確化した上でポーターの言うところの長期的優位性を生み出し利益の源泉を確保することを提唱した。次の 3.2 項で詳しく説明する。

このような考え方はそれ以前にも存在した。例えば 1947 年にマイルズにより創始された VE（価値分析）活動においては，① 活動の開始時に課題内容にまつわる情報を収集し，その後，② 課題を機能分析なる方法で実態のある内容の本質的命題を明らかにする「機能展開」を行う。① と ② を行った上で新たなアイデアをめぐらし，斬新な課題解決をしようとする試みであった（Miles[5]）。

また，1990 年のナドラーにより創始された BT（ブレイクスルーシンキング）活動においては，まず ① システムマトリックスなる次元と要素のフレームから何を課題として捉えるかを明らかにした上で，次に ② 初期設定の課題の目的を上位に目的展開をする。① と ② を行った上で新たなアイデアをめぐらし斬新な課題解決をしようとする試みであった（Nadler[6]）。

2.3　経営戦略論のフレームだけでは着想は閃かない

ここで，社長さんが確認してほしいことは，経営戦略論は学生や学者が過去の企業経営を整理する道具として使用する範囲では有用であるが，これから新たに生み出そうとしている製品や工法やサービスなどを誕生させるための道具にはならないということである。

　そこで，実務を良く知り，その改革革新の能力も高く，実際の成果を実現した経験の持ち主たちが行ってきたことを見習うべきである。例えば，前述したマイルズやナドラーなどがその人たちである[3]。

　社長さんもお分かりの通り，課題が発生した時点で，一気に解決の糸口（着想）を見つけ出すことが肝心である。なお，課題には **① 問題解決型**と **② 目的実現型**がある，前者の ① 問題解決型課題解決法は日本の現場の作業者が良く行う方法で，まず問題点を明らかにして，その問題の再発を防止するために現状を復帰することを行う課題解決法である。しかし多くの場合にはその後再発は少なくなるが抜本的な改革＝イノベーションは実現できないことが多い。ではどうするかである。② 目的実現型課題解決法である。この方法の特徴は，その解決後の期待する結果をイメージすることをまず考える（目的思考する）ことから始めるのである。要はその課題解決の目的は何かを問うのである。たとえば，ボルトを締めた後，トルクレンチで指定圧力まで増し締めせよと記述があったとする。その目的は 2 つの板がどのような状況であっても締結部が離れないことを保証する目的があったとする。ならばどうするかであるが，最も優れた解決策は 2 つのピース片を一体化し成形し，そもそも 2 つのピース片を無くせばボルトとナットの締結作業そのものを無くすことができるという方法を考えることもできる。

　筆者が解決した方法を 1 つ紹介しよう。大型の工業用冷凍機が 2 台受注できた。「納期は 1 台の製作納期以内で」との顧客の要望である。いわゆる顧客の短納期要求で，最も楽な方法は作業者の陣容を 2 倍にすれば解決できる。これが前述の ① 問題解決型の方法である。しかし高度な精密溶接の組立作業を要し，臨時期間工を雇う方法は取れない。自社の他工場から力量のある応援を要請しても 15％の要員増しか見込めない。どうしたでしょうか。この ② 目的実現型課題解決法で解決した。『2 台の製作時間を陣容を増やさずに 1 台製作時間以内でという目的』を実現し顧客に納品し，他社納品を阻止するという内容

3　前述したマイルズは GE 社の電気工学分野の研究技術者であり，技術特許を多数出願し GE 社に貢献するとともに，その後，価値分析を創始した。またナドラーは米国 IE 協会の会長もされた方で現場の生産活動分析からワークデザイン法を創始し効率・能率を図る道具として確立した。また国の事業であるハイウエー工事の最適設計なども手掛けた。

である。というのも顧客は無理なら1台ずつ2つの会社に生産してもらうという考えであった。それでは，納入後，顧客様がメンテナンスで大変であると説得し当社で一括請け負うことになった。どのようなことをしたと思いますか？なお，当時は残業も入れても1日12時間勤務が1人の作業者の限界でした。作業者が2倍いれば2直体制で，24時間フルタイムで実施すればいいのですがそうはいきません。

　そこで考えたのは，製作品2台を同時に組み立てができるスペースを作り，かつ組立用部品をその周りにすべて配置し，部品やセミアセンブルーの部品類の構内輸送時間をゼロにした。また工程別作業が遅延しないように，遅延の有無を見える化をした。具体的には今週の作業が電気計装工事で構内外注A社の仕事とするとその作業の終了日の終了時間後，あえて，製作する装置本体（数百トン）を構内クレーンで50メートルほど横引きし，もしその作業が終了していない場合には翌朝構内外注A社社員が50メートル先のエリアで作業をしているはずだ。翌朝，作業遅延発生有無が瞬時に分かるという方法である。パソコン画面上の進捗管理では入力遅延やいい加減な管理があるかも知れない。このほか，部材（低温用特殊金属購入や特殊部品）の調達も工夫した。その結果，通常の標準作業時間の60％削減ができた。その要因は構内物流の時間節約，2台同時製作による作業の慣れで1台目作業時間に対し，2台目作業時間は約30％の短い時間で仕事が完了した。またその他モノづくりの作業時間だけでなく，外部調達方法の工夫や本製作工場の通常管理とは違う手作業確認（昔の旧方式）採用等も行い，通常とは違う方式を全面投入し顧客の最短納期に間に合わせた。しかも，従業員への重労働（過剰勤務）を一切せず対応できた。これは②目的実現型課題解決法の一例である。本ケースは受注生産型である。また見込み生産型でも同様な工夫は可能である。今は日本では生産していないが，ある大手カメラメーカはその日ごとにライン工程手順の変更，作業台や製造機器配置や陣容などを変え，半日分ごとに全く同じ機種を販売量に即し生産を行った。まるで，受注生産のようであった。モノがカメラで小型軽量であるからできたのである。また自動車部品工場では，専用機械は移動できないから，その機械で生産するための素材やその加工手順書や専用機用のCIMシステムの自動設定を可能にした。その結果，国際基準の標準作業時間

の約50%の時間まで時間短縮されている現場を見た。このような現場は大抵，外部コンサルが入らず，自社の実務に精通したIEエンジニアや世界中のどこから材料や部品を調達することが得策かを瞬時に把握できる自社スーパーバイヤーやそもそも，顧客の要望（納期，価格，品質）にマッチした製品や部品等をまとめることのできる設計エンジニアがいた。今日，日本のモノづくりの工場ではこのような人材が減っていることが製造業の弱体化を招いていると筆者は感じている。但し，筆者は，中小製造業にはまだまだそのノーハウが蓄積された人材が存在すると感じている。

　序章3節で筆者は『経営者は常識的知識を基とする批判や忠告をする評論家には付き合わないことである』と生意気なことを書いた[4]が，上記のような企業では全く，外部コンサルタントの世話になっていなかった。要は自社の自らの知恵を結集し取り込んでいるのである。要するにこれを束ね進めるのは社長さん自身である。

3　ポーターの経営戦略を活用した新たな着想を生み出す方法は？

　楠木が考えた方法論［4］である。本書執筆者らは，ネクストマネジメント展望研究会で7会合をかけ，楠木が書した図書［4］を全員で各章を分担精読し質疑応答をしながらその有効性を検証した。その内容の結論を示したのが図表6-5である。その全容を説明する[5]ことはできないが，本著ではその内容を

4　筆者の記憶では，QC活動が製造の品質改善に有効とされ，日本の著明な学者やコンサルタントが現経産省も巻き込み，企業に働きかけTQC活動を全社運動として進めていた時期があった。その当時日本IBMの社長の椎名氏は，「ものづくり企業で品質を重視しない企業などあり得ない。わざわざ全社運動する方法で外部コンサルタントを導入してまでする必要は全くないと思います」と発言し，日経連の幹部から叱責を受けていたのを思い出す。椎名社長の本意は固有技術の塊である製造ノウハウをちゃちな画一的なQCストーリーアプローチで全社員が改善をすることが得策ではないということを言いたかったのだと思った。最近，技術力のある中小製造業の社長さんから同様な話を聴き，筆者は日本もまだ捨てたものではないなと感じた。

5　楠木［4］は500ページの大書で，何と232点の文献で本章図表6-5を説明している。2010年に発刊されると10万部を超える本領域図書としては異例のベストセラーとなった。楠木先生は一橋大学で最初に講義した講座は「生産管理論」で，さらに日本で初めて一橋大学で設立されたイノベーション研究センターにも所属されていた経験を持ち，今日日本をリードする企業（全日空，旭硝子，NTTデータ，ファーストリテーリング，ブックオフ他）の経営スタッフボードにも関わる実務のよくわかる経営学者である。もし，興味があれば［4］を読まれることをお勧めする。

図表 6-5　ポーターの経営戦略に統合思考を取り入れた事例

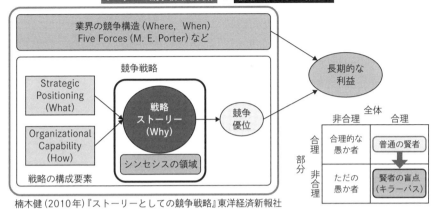

楠木健（2010年）『ストーリーとしての競争戦略』東洋経済新報社

出所：中川講演のパワーポイント内容を引用し筆者加筆

受けさらに進化した活動を提言する上で理解していただきたいところのみ，以下記述する。

　図表 6-5 はポーターの競争戦略に統合思考である楠木が提唱する戦略ストーリーを組み込み新たな着想を生み出す方法をモデル化したものである。

3.1　分析（Analysis）と統合（Synthesis）の相違確認

　まず，分析（Analysis）と統合（Synthesis）の定義については Norman [1] より引用する。Norman [1] では中等教育用の科学を教えるための図書の作成の方針記述書で，その図書の基本的構成を明記したものである。

　以下に各用語の定義を抜粋する [7]。

分析（Analysis）：対象構造が理解されるように，構成要素を分解する能力。部品識別，部品関係，関連構造との関係性など。

統合（Synthesis）：新たな全体を形成するために部分をまとめる能力。ユニークなコミュニケーション，総括的実施計画，情報をまとめるためのスキーム作成で新しいパターンや構造の定式化。

解釈：上記の「**分析**」「**統合**」は下記の※1記載の6項目の中に並列表記であ

る。分析と統合に順番はまったくない。

※1：Norman［1］では「知識」「理解」「応用」「**分析**」「**統合**」「評価」が併記で記載されている。

※2：玉井［8］によれば，すでに1950年代から米国国防総省の管理研究所編の米国のVE定義で，Analysis ➡ Synthesis ➡ Evaluation が活動手順とされていた。この中ではAnalysisとSynthesisは別のアプローチとの認識であった。

　以上から分析（Analysis）と統合（Synthesis）は対比語であるが，過去，日本の経営学分野では対比され論じられることはなかった。しかし，近年日本経営工学会主催のオンライン研究セミナー（2022年9月9日開催）でNTTデータの中川慶一郎（同学会理事）が「従来の経営学は課題解決に分析（Analysisアプローチ（Why ➡ How））を適用してきたが，これからは統合（SynthesisアプローチHow ➡ Why））も必要で，分析（Analysis）と統合（Synthesis）をサーキットで繋ぐ両輪マネジメントが求められる」と提言している。

　なお，前述した※2では管理技術の1つである日本のVE（価値分析）でSynthesisを「統合」＝「創造」と訳し，分析（Analysis）➡ 創造（Synthesis）➡ 評価として統合を創造に読み替え，1960年当時から適用した［8］。しかし，他のIE（生産管理）やQC（品質管理）では課題解決活動の主体を現状分析することが中心で，課題解決にその分析結果から評価を加え，改善活動をしていったのである。従って，統合（Synthesis）を課題解決活動に取り入れる視点は全くなかった。日本企業では，前述の中川の指摘通りAnalysis（分析）が中心であった。したがって，その解決策はクレーム対策であれば現状復帰の改善方法を見出す活動であり，売れ行き不振であれば，付加機能と称し購買を促進するためのアイデア活動であった。したがって，対象製品やサービスを抜本的に変更・大幅改善・改革することはなかった。これが日本では，大げさに言えば明治維新以降150年間以上に渡り，この考え方を続いて来ているのである。

3.2　ポーターの経営戦略に統合思考を取り入れた事例

　図表6-5で説明する。ポーターの提唱した「①3つの基本戦略フレーム」を分析（Analysis）活動と捉え（図表6-5の薄灰色で囲まれた部分），それだ

けでは競合他社との優位性を明確にできなくなってきたことから「②戦略ス
トーリーと称する動的将来構想」を統合（Synthesis）活動と考え（図表6-5
の黒色で囲まれた部分），その両方（①と②）から企業の近未来の長期優位
性を極めることを志向（アイデア創出）したと捉えられる。楠木［4］では図
表6-5の右下に貼り付けたキラーパス（賢者の盲点），すなわち全体は合理を
追求するが，部分では非合理でも課題解決できないか考え，その結果が新たな
ユニークなイノベーションを実現する課題解決案が生まれると結論づけてい
る。なお楠木が言うには戦略ストーリーは面白く長い文章（シナリオ）として
わくわくするものでなければならないとしている。ストーリーは『起承転結』
で進めるがその内『転』部分がストーリーの核となる部分であると強調してい
る。なお事例を多数紹介しているが製造業の例としてマブチモータの事例でキ
ラーパスに当たるのが『顧客ごとの受注生産品から，自社が小型モータの標準
化を実施したこと』，すなわち部分合理では『個別顧客対応』であるが，部分
不合理として『すべての顧客要求を満たす標準モータのシリーズ化』を実現す
るというものである。その結果，顧客が毎回自社で技術的検討をしないで済
み，自社もより活動しやすい，すなわち，価格，品質，納期でさらに顧客メ
リットを享受できるとしたのである。これを実施した当時は自動車業界・家電
業界・光学業界は大変喜んだのである。むろんそのイノベーションは長く継続
するモノではなく，今日ではそのアプローチは別の業界でも一般化してしまっ
ている。なお，デルコンピュータでは一般ユーザ向けの見込み生産を止め，法
人向け顧客をメインにして受注生産（注文が来てから一斉に生産）に切り替え
たのである。

4　画期的な革新の進め方の肝

　本章の冒頭で，図表6-1と図表6-2を提示し説明した。これが革新の肝の部
分である。下記が2つのキーワードである。
　(1) **企業のビジョン**
　(2) **イノベーション**
そして，もう1つ重要なこととして

(3)分析経営から創造的経営への脱皮

である。この(1)項〜(3)項は，企業体が，間違えた方向へ行かないための企業の道程（道標）としての役割を果たす『(1)**企業のビジョン**』と企業が継続発展するために『(2)**イノベーション**』をし続けるために『(3)**分析経営から創造的経営への脱皮**』をしないといけませんよということである。

　上記をみて，ここまで読まれた社長さんから，「わかり切っていることだ」とお叱りを受けそうである。以下で，(1)企業のビジョンと(2)イノベーションを実現するための(3)創造的経営についてまとめて説明する。

4.1　企業のビジョンとは（図表序-12参照）

　まず，『企業のビジョン』であるが，経営学の本を読むと最初に必ず記載されており，日本語の経営書では『経営理念』[6]と記されていることが多い。しかし，日本人は建前と本音があり，『当社のビジョンとは何か』と真正面から問われると，大抵の経営者は建前を全面に出して一見格好の良いキーワードやきれい事を作文することが多く見聞される。前出した『話にならない社長さん』や『最低の平凡な社長さん』は外部コンサルタントに高いお金を払って策定してもらい自社の来客用応接室の額に入れた色紙に毛筆で記載されたビジョンらしき文章をみる。その内容はホームページ上に公開したりしている。これら行為は一見すると素晴らしいように見えるが実は全くビジョンを策定する意義やそのビジョンをどのように使用するかを理解していないのである。

　企業人は，『企業のビジョンとは』，『企業の理念』，『あるべき姿』などと言った言葉に迷わされてきた。それは田中［10］によると年代別に見ていくと日本企業では1980年代までが①経営者が経営の意思決定をする際の『自戒』と②企業成員（社員）の内部統制的な『模範』を示す内容とされていた。その後，1990年代以降は社内だけでなく，社会一般に訴える意図を持った『方針』も加わったとされる。すなわち『自戒』・『模範』・『方針』を意図したビ

6　奥村恵一［9］によれば『経営理念』とは企業理念，基本理念，社是，社訓，綱領，経営方針，経営指針，企業目的，企業目標，企業使命，根本精神，信条，理想，ビジョン，誓い，規，モットー，めざすべき企業像，事業成功の秘訣，事業領域，行動指針，行動基準，スローガンなどとしている。なお田中［10］によると2000年以降は組織体の価値観も加わったとされる。

ジョンが近年，各企業が採用して来ているようである。なお田中［10］では，綿密なインタビュー調査（経営者から担当者まで）から『ビジョンをわかちあう』観点から ① 文面の重要性，② 表現の重要性，③ わが身に置き換けられる可能性，④ 自社のステークホルダーさえも巻き込む可能性のある文言の作成が『企業のビジョン』であるとしている。

　社長さんは，今後今まで以上に，常に自社のビジョンがこれで良いかを自問自答していくことが重要であり，外部コンサルタントに丸投げして策定してもらうなどあり得ないことを理解いただきたい。

4.2　イノベーション実現の経営課題解決とは（図表序-14，序-15 参照）

　序章の 9 節や本章の 3 節で分析アプローチではこれからイノベーションを生み出す経営課題解決は難しいと述べた。また本章では分析アプローチ後の統合アプローチを行う楠木［4］の方法も説明した。いずれにしても，過去のデータを幾ら分析しても，そこから新たなコンセプトを生み出すことはできない。このことを説得するために具体的な事例で説明しても，個別ジョブの過去を知っていないと納得性が伴わないので，ここでは仮想事例で紹介したい。

　2 つの珍味 A と B を混ぜて売るとする。6Kg＋4Kg＝10Kg であったとする。今合計重量が 9.5Kg しかなかったとしょう。この商品は顧客に販売できない。理由は目方が足らないからである。そこで日本企業では得意の分析アプローチで荷を解いて A と B の量を分析し，出荷前の計量データをチェックする。原因を突き止め，今後 2 度とそのようなミスをしないように対策する。社長さんは安心して課題解決し一見落着で済ませる。これで十分なのでしょうか？　この対策の間に顧客 100 名を逃したなら相当な損失を被るわけである。実際の現場では，売り場の目方不足の商品に何かを付属して売ってしまうことが多いと思う。さて，このような課題に遭遇した時，分析アプローチが問題であったわけであるから統合アプローチをしてみたらどうかという提案である。本ケースの場合ならば，統合アプローチを導入することで，○ Kg＋□ Kg＝10Kg として珍味 A と B を含む A～Z の 26 種類から顧客に任意に選択してもらい，個別顧客の珍味盛り合わせを新たに企画・実施したらどうであろうか？　分析アプローチからは限られた回答しか出ない。しかもその労力が大変です。もし統合アプローチで課題

解決していたら，無限の組み合わせと上記のようなアイデアが出てくるかも知れないのである。この珍味の組み合わせ事例について脚注を見てほしい。こんなことを日本の水産加工卸業者は発注する時，海外企業にしているのである[7]。

5　画期的な革新の進め方

手順はありません。本節を読まれた上で，好きなようにやってみてください。自分流を工夫してみてください。

5.1　ビジョン策定について

ビジョン策定には何をすべきかですが，本書の序章7節と6章4節から図表6-6を活用し明確なビジョンを策定することがよいと考える。但し，筆者は各社各様であることから本方式を必ず適用すべきとは申しません。但し，コリンズらのビジョナリーカンパニーの多くがこの項目を確認しながら，ビジョンを明確にしている。

(1)図表6-6の爆発マーク内記載通り，社長さんの思いを書き出す。

(2)次に意図，価値観，理念を記載してみる。

(3)使命（ミッション）と志（ビジョン）は対比させながら記載してみる。

(4)図表6-6の記載6箇所の収まり（矛盾がない）を確認する。

(5)完成したものを関係者にわかってもらうため系統図化する（図表6-8）。

※1：図表6-6は作成過程のコンセプトシートと考えてほしい。したがって，経営陣，社員，その他ステークホルダーには説明用資料として異なるフォームであってかまわない。但し，その記載内容の骨子は大幅に異なることはNGである。

7　正月のおせちに入っているニシンの昆布巻きである。筆者の大学の学生のお父様が中国で水産物の加工製造工場をお持ちで，中国出張時立ち寄ってくださいとのことで訪問したのである。その際，沢山の女性工員さんが，比較的小さめなコブに理科の実験用に使うような分銅ばかりで0.1グラム単位でニシンを載せ，バランスしたものを手作業でコブに載せて巻いていたのである。こんな精密な分量を量ることが重要かと思った。この労力って何かと疑問に思った。これに類する事項が日本向け海外工場では沢山ある。ごまかし防止のためでしょうか？　もっと上手なやり方（社員の気疲れ軽減策？）を考えられないものでしょうか。

図表6-6　明確なビジョンを作成する

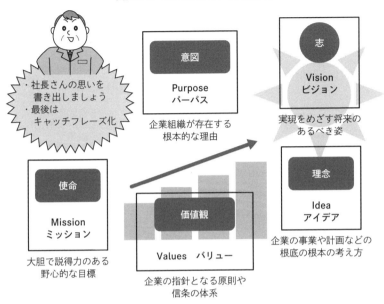

出所：筆者作成（ひな形は図表序-12を基にしている。）

　次に図表6-7に某中小製造企業のビジョンの作成事例を示す。ここで注目すべきは，『おもてなしの心，スピーディー実行継続』は図表6-6の『キャッチフレーズ化』した文章である。実際は社長さんの体験を基とした詳しい記載文章が存在する。先代や先々代の創業社長の社是のような言い伝えがあればそれも併記して検討するとよい。
　図表6-8のビジョン系統図は図表6-7を基に目的-手段関係で系統図化した内容である。この図は左側がビジョン（志），右側がミッション（使命）である。本図は従業員用，経営幹部用，ステークホルダー用など分けることも可能である。対象者のミッション（使命）を社長さんが確認するととともにそのミッションに関わる関係者が『何のために』そのミッションを行うのかを明らかにしながら課題解決に望むことが肝要である。このような系統図を作ると，QCやIEを学んできた人たちは原因-結果関係で論理を繋ぐが，これは間違いである。注意してほしい。

図表 6-7　某中小製造企業のビジョンコンセプトシート事例

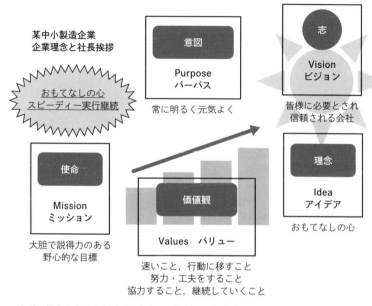

出所：筆者作成（ひな形は図表序-12（図表6-6）を基にしている）

図表 6-8　某中小製造企業のビジョン系統図事例

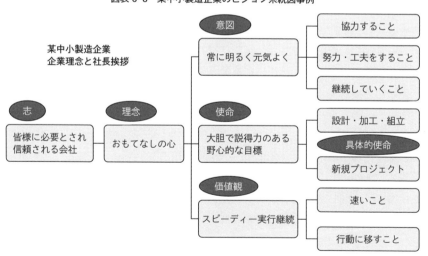

出所：筆者作成

図表 6-9　某製造企業のビジョンコンセプトシート事例

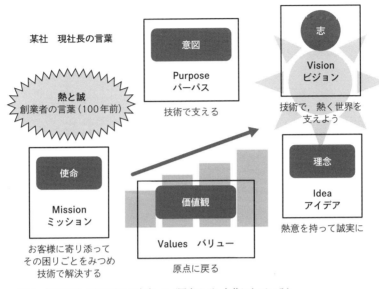

出所：筆者作成（ひな形は図表序-12（図表 6-6）を基にしている）

　図表 6-9 は，創業社長の社是を基に現社長が現社員に訓話する際作成いた内容である。各項目も文章を記載してみると，よく当てはまっていることがわかる。
　社長さんは，自社のミッションを作成すれば充分だが，さらに競合他社や仕入れ先企業のホームページなどを参考に，対象企業のミッションを明確にしておくと，競合他社評価や取引先との打ち合わせ他に有効に活用できる。

5.2　社長さんの方針決定がすべて

　序章 8 節に記載した内容を思い出してほしい。図表 6-10 は図表序-13 の真ん中の図と同じ項目で構成されている。横軸が仕事軸で，縦軸が顧客軸である。真ん中が自社の現在のポジションで，黒字の円が今後進む先に存在するバリアである。本図では等距離，すなわちバリアまでの距離が同じだが，方向によっては近い距離もあるし遠い距離の場合もある。また黒字の太さもまちまち（バリアの突破程度）であろう。
　社長さんは，これまでに関わった経験や知識で，今後どの方向へ自社を進め

図表6-10　社長方針の決め方

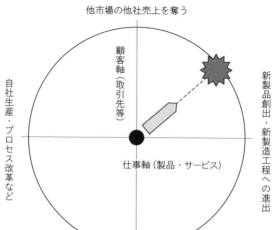

出所：筆者作成

て行くべきかを決断しなければならない。図表6-10では右上を向いている。主力事業だけでもひょっとすると右上を目指しつつ，真逆の左下の対応もしなければならないかもしれない。筆者が［11］で調査した結果によると，下請企業でなく，自主独立型中小企業（この区分定義は序章8節参照）では同一業種であっても全方位の意思決定があることを確認している。要は社長さんの考えは千差万別であったとの結論である。ところが，従属的下請企業は親企業の影響から無意識に図表6-10の左半分のエリアしか選ばなかったのである。

　ここで，図表6-10が深い意味があることを理解いただくためにより詳しく説明したい。本図の右上矢印ならば，新製品を創出しつつ，今までの取引の中心であった顧客層とは異なる顧客層を新たに開拓することを表している。当面は，顧客層は変えない，または対応する陣容がいない場合や新製品の創出を優先するならば，矢印は右側のX軸の方向へ舵を切るのである。また新製品の創出と言っても自社技術のちょい直しで良いならば顧客軸のY軸の上下両方

図表 6-11　創造的経営実現の創造活動

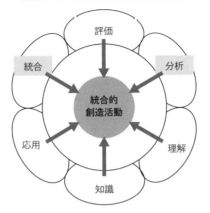

手順を踏むではなく，一揆に活動

出所：筆者作成

かも知れないし，既存客であれば Y 軸の下方向のみかもしれない。すなわち，この矢印はいい加減な決め方ではないのである。要は社長さんがヒト・モノ・カネ，そして社会の動向などを踏まえ，決断した結果を表しているのである。従ってその矢印（本図ではミサイルのような形である）の決定は重要な意思決定の結果である。その決定後，社長さんは，他の誰かの言い分を聞き過ぎていないか（例えば現取引先からのプレッシャーや取引に関するお役所の見えざるプレッシャーなど）や自社の現状分析が甘くないか（実は多くの中小製造企業の経営者は厳しく見過ぎていることが多いようである）などを総合的に判断することが肝要である。

　次に図表 6-11 であるが，分析アプローチでなく，統合アプローチも加味すると何度も本書で説明してきた。課題解決には ① 分析から始める方法，② 分析から入り統合も加味する方法（3 節 3.2 項で説明した方法など [4]），③ 統合から入る方法などがある。読者の大半の方々は学校で課題解決には ① 分析から始める方法しか学ばなかった。その方法は図表 6-2 の左側に示した通り，情報収集（知識➡理解➡応用）後に➡分析➡統合（含む創造）➡評価の手順を踏むことを強要されてきた。しかし，6＋4＝□を求める場合は，正解はただ 1

つであり，課題解決では有効であったが，○＋□＝10を求める場合には自然
数でも多数の回答が存在する。そのすべてに対し，①の方法で対応していた
のでは，時間がいくらあっても足りないのである。したがって多数の回答を求
める際は最も合理的な（時間をかけず，確信が持てる）方法で検討すればよい
のである。これを図表6-11では集約し『統合的創造活動』と称しているので
ある。なお，本来は③の方が遥かに自由度のある課題解決方法である。しか
し，産業革命後，①の課題解決方法が正しいとする教育がはびこり，今日ま
で来てしまっている。前述したノーマン［1］は，米国の科学教育図書の構成
を見直してきている。なお米国では昔からこの3通りの方法が存在することは
知っていた上で①の方法に注力してきた。ところが日本では最初から①の方
法がベストとし，その他の方法を一切使用もせず今日に来てしまった。このこ
とが日本の課題解決結果にユニークなコンセプトが出現しない理由の1つであ
る。先人の愚かさにこの辺で気づき抜本的に見直し，勇気を持つことが肝要で
ある。筆者は，その先陣を本書を読まれた社長さんが経営課題を解決する際発
揮されることを切に望むものである。もしそうされることがないとすると日本
の経営の進むべき道を見失い，取り返しがつかなくなるのである。

5.3　振り返りの重要性（社長さんは走りながら考え続けよ）

　前節5.2で『画期的な革新の進め方』とした『ビジョン策定について』と
『社長さんの方針決定がすべて』と題して図表6-7から図表6-9までの事例を
基に実際のビジョン策定の仕方のヒントを提供した。

　また，その中身で最も重要な自社を今度どのような方向に引っ張っていくか
の指針も図表6-10と図表6-11でその考え方をまとめ提供した。イノベーショ
ンを実現できるような『ビジョン策定と方針決定』を策定し，社長さんの力量
で，社員さんや支援者（含む資金提供者や顧客や仕入れ業者等）の力を結集し
て事を起こすことになる。行動する過程ではまたいくつかの困難に遭遇する。

　筆者の経験談を1つ紹介したい。イノベーションを実現するプロジェクトは
想定外のことが連続的に起こることが想定され，事実そうなる。その対応策の
いくつかを箇条書きにする

　1）リスクを考え，先手・先手で対処する。

2) 時間生産性で問題が発生（遅延発生）はその日の内に解決する。

3) 自力が無理ならば，社長に間髪いれず報告する。

4) 社長の手柄，活動リーダーの手柄，自分が仕切ったからうまく言ったなどの発言は禁句。

5) 社員と一緒に課題解決をする。（分析アプローチを強要しない。）

　上記の教訓を書いた事例はある革新的技術課題解決策の試作実験のための試作機が実験に耐える品物ではなかったことが実験開始の3日前に判明した。そこで，昼間の業務終了後，自家用車で東京から浜松市内にある新たな業者に試作機の再発注をお願いにいった。まだその試作機の再製作費は予算化されていなかったが，真夜中その会社の社長さんと会い，試作機の問題箇所の詰めを行い，筆者一存で発注したのである。試作1号機は案の定，問題が発生し実験継続ができなくなったが，タイミングよく試作2号機ができ，実験継続ができ，ほぼ研究開発期間内に間に合ったのである。筆者は社長でなく一介の担当者であったが，その機転が功を奏し，その後プロジェクトは事業化することになった。社長さん，あなたはプロジェクトの総責任者としていつもその最前線で受け止め行動すべきです。その指針が上記5カ条です。ご参考までに記載する。

　ここからは少し理屈を述べる。課題解決活動はプラン・ドゥ・チェック・アクションといってPDCA（計画を立て，実行し，内容を確認し，問題箇所の補修を）を回しなどと経営書に記載がある。最近では人気のあるコンサルタントがPDPDPD・・・と言われる。要は活動のスピードが命であり，CAはするのだが瞬間技で対応をとスピーチするが本当だろうか。肝心なことは「技術的課題をクリアできるかどうか」や「製作上のネック（品質・価格等）はないか」などの固有技術の課題に対する問題で，まったく固有技術のセンスがない人間が集って検討すると言ったことではなく，社長さんや企業内の経験豊富なエンジニアや作業者の直観から来る危機意識＝このまま進むとうまく行かなそうを社長さんがその場で意思決定することが大切で，そのため普段からの関係者とのいい関係（忌憚のない意見を言える関係と社長さんの即決即断の意思決定）の構築が大切である[11]。[12]のp.44ページに湯川秀樹が科学者の創造性について言及している下りがある。筆者は科学者ではないが一介のエンジニアとして座右の銘としている言葉がある。それは『独自の創造性とは抽象化

するのではなく，人間の得意技である図形認識に立った直観に遡ることが大切[8]』である。技術的課題だけかも知れないが，解決の糸口解明やイノベーションを生み出す課題解決の着想を生み出すきっかけに活用してきた。

　最後に月並みですが，社長さんは走りながら考え続けよと記したが，それは下記である。

　1）走りながら　（実行しながら）

　2）考えながら　（経営資源の過不足を調整しながら）

　3）継続推進する（当社のビジョン実現に向け邁進する）

　中小製造企業においては，経験豊富なエンジニアや作業者はおられると思うが，最後に判断（この開発は少し問題だとかもっとよくできるはずだの直観を働かし決断）するのは社長さんが自ら実施することである。権限移譲などあり得ないのである。

（執筆　櫻井敬三）

参考文献

[1] Norman Herr (2006) "The Sourcebook for Teaching Science", California State University

[2] 櫻井敬三（2019年）『イノベーション創成の研究開発マネジメント』文真堂，pp.179-180

[3] Ansoff, I. (1957). "Strategies for Diversification", Harvard Business Review, Vol.35 Issue 5, Sep-Oct 1957, pp.113-124

[4] 楠木健（2010年）『ストーリーとしての競争戦略』東洋経済新報社

[5] Miles, L. D. (1961), "Techniques of Value Analysis and Engineering", McGRAW-HILL BOOK COMPANY, INC.

[6] Nadler, G. & Hibino, S. (1990), "Breakthrough Thinking", Prime Publishing & Communications（佐々木元訳（1991年）『ブレイクスルー思考』ダイヤモンド社）

[7] 櫻井敬三（2022年）「創造的課題解決は分析と統合の両方が必要」日本創造学会第44回研究大会予稿集 pp.170-173

[8] 玉井正寿（1978年）『価値分析』p.22 森北出版

[9] 奥村恵一（1994年）『現代企業を動かす経営理念』有斐閣 p.3

[10] 田中雅子（2016年）『経営理念浸透のメカニズム』中央経済社 pp.162-166

[11] 櫻井敬三（2021年）「日本の中小製造企業の立ち位置別行動相違分析」日本創造学会第43回研究大会予稿集 pp.106-109

[12] 櫻井敬三（2022年）「エンジニアリングのための創造活動」日本創造学会論文誌　Vol.25 pp.1-47

8　本内容は，2021年に湯川秀樹が没後40年経て復活本『科学者の創造性　雑誌「自然」より』中央文庫が再販された。その中味は1947年から1975年までの間で湯川が講演や雑誌「自然」に投稿した内容でpp.61-90に図書名と同じタイトルの章があり，本内容が記載されている。筆者は，本内容を30歳代で知り，その後，課題解決で苦しむ時，思い出し解決の糸口を見つけ出した経験を沢山持つ。

結章
NEXT MANAGEMENT への展望

　我が国製造業が，現在，置かれている状況は，決して安泰でなく，生死をさまよういばらの道を歩んでいる。製造業がおかれている状況は悪く，経済環境の激変が起き，激怒のように進行するドル安・円高が進み，直近では，国策のミスによる円安による物価高，輸入コストの上昇を招き，物価高倒産，資源不足倒産などが生じている。

　このように経済的に悪い状況から，脱皮していかなければ，製造業しいては日本経済が沈没してしまう。我が国製造業が，継続発展・成長していくことが，絶対必要な要件になってきている。そのためには，我が国にとって，どのような対応策が必要であるかを探ってみよう。現在から，我が国の経済，特に製造業を中心に，過去を振り返った時，どのような経済危機に遭遇し，どのような製造業を中心とする対応策によって，危機を乗り越えてきたか，さらに現在から将来を見通した時，どのような経済危機に遭遇し，どのような製造業に対する政策・戦略を展開していけば，我が国の経済危機から逃れ，成長・発展していけるかをみてみよう。

　バブル経済崩壊後，現在までの約30年を前期，中期，後期にわけて考察してみよう。

　バブル経済の崩壊後，前期（2002年まで）に遭遇した大きな経済危機は，1992年に，鄧小平が行った「南巡講和」を契機に中国の本格的な世界市場への参入である。中国は，日本の技能者が月額平均20万円程度の時，日本円に換算すれば月額1万円程度で単能工をいくらでも雇用できた。それを武器として，中国は世界市場に殴り込みをかけてきた。

　日本から見れば，20分の1の賃金差で，中国との貿易戦争に突入していかざるを得なくなった。さらに，為替レートが1994年・1995年には1ドル＝95円と滅茶苦茶な円高が急激に進んできた。そんな悪状況でも，我が国製造業は沈没することなく，生き抜いてきた。そのとき，日本国の製造業が取った対応策は，第一に，工場の海外（中国中心）移転，第二に，標準品を組み合わせた大部分のユニット製品の日本での生産を取りやめ，生産を放棄した部分を海外工場で生産するか，海外（中国）からの輸入に依存した。第三に，ロジステック（生産・物流・販売）の経費を削減し，世界市場の物価低下への価格に対応

した。

バブル経済の崩壊後，中期（2012年まで）に遭遇した大きな経済危機は，価格競争，品質競争，資源略奪競争，人手獲得競争などの活動が，これまで以上に，活発化していく状況下にあって，アメリカでは，2001年同時多発テロ事件と2007年9月から顕在化した世界金融（サブプライム住宅ローン）危機が発生し，日本では2011年に東日本大震災による被害が発生し，経済が大きく混乱した。

製造企業は厳しいグローバルの貿易競争に突入し，生き抜くために，抜本的な合理化活動（とくに，コスト低減と新需要に対応する新製品開発）が展開された。これまでにない局面が表れてきた。1つは，製品や生産設備などの人工物が有するアーキテクチャ（設計思想）に変化が表れた。① 機能要素と構造要素からなる人工物は，両要素が複雑に絡み合ったインテグラル（すり合わせ）型と，② 機能と構造が1対1対応でシンプルに対応するモジュラー（組み合わせ）型のどちらかに位置づけられた。

コスト低減の必要な製品は，グローバルな市場に対応して大量に生産・販売していくためには，労働者が豊富でかつ低労働賃金である場所で，モジュラー型に近い標準製品を大量に生産していくことが必要になる。そのために，低賃金労働者が容易に調達できる土地の獲得（中国とアジア地区）と，インテグラル（すり合わせ）型でなくモジュラー（組み合わせ）型に近い製品を見つけ，それをよりモジュラー（組み合わせ）型に近づける製品設計改善を意欲的に行った。我が国の製造企業は，廉価なモジュラー型の製品の大部分は，海外の工場に移転し，オフショア生産によって低価格化に対応した。しかし，すべてのモジュラー型製品を海外生産に移行するのではなく，一部を国内の工場に残した。国内の工場は，これまで以上にコストダウンを進め，海外の工場の合理化を支援するマザー工場として，存続させた。より高品質・高精度を求める高級な製品は，個別ユーザの要望に対し，1つ1つ個別に顧客対応し，製品機能と製品構造を縦横に結びつけたインテグラル（すり合わせ）型の製品を作り上げていった。

バブル経済の崩壊後，後期（2022年まで）に遭遇した大きな経済危機は，2022年にロシアがウクライナに侵攻していったロシア・ウクライナ戦争と新

型コロナウイルス感染病が世界中に蔓延し，世界経済に，大きな影響を与えた。

ロシア・ウクライナ戦争は，ロシアがヨーロッパに大量に供給するオイルガスが大きく削減され，世界中のエネルギー需給のバランスが崩れ，エネルギー不足を招き，世界中の生産が制限を受け，世界中に物量不足危機を招いた。さらに，新型コロナウイルス感染病は，世界中に蔓延し，国家間のヒト・モノの移動を大きく制限し，世界経済を不況に招いた。

世界中の大半の企業の売上・所得が減少し，経済危機に陥った。でもアメリカの IT 大企業（アップル，グーグル，マイクロソフト，フェースブックなど）は例外であって，アメリカ主導の技術革命が展開され，世界中の所得を独占した。ここでの思想はオープン・アーキテクチャであり，グローバル業界標準インターフェイスを確立させ，「プラットフォーム盟主企業」を作り上げ，資本市場の期待を受け入れ，巨大な株式時価総額を獲得した。

我が国製造業では，不況に対応するために，現場改善を地道に積み重ね国内現場の現場能力を鍛え続けた。競争力とは，開発・生産・販売した製品・サービスが，顧客を引き付け，満足させる力で，表面に浮かび上がっている「表の競争力」（表層のパフォーマンス）だけでなく，「裏の競争力」（深層のパフォーマンス）を充実し，製造業の物価高倒産，売上不振倒産を防いだ。

最後に，我が国は，どのような経済危機に遭遇し，どのような製造業に対する政策・戦略を展開していけば，我が国の経済危機から逃れられるかを描いてみよう。我が国製造業は，バブル崩壊後，厳しい状況下でインテグラル型もモジュラー型も良く生き抜いてきたが，これからさらに成長・発展していくには，厳しい課題が我が国経済の前に待ち構えている。国内製造業の生産性が順調に上昇していることから，「工場の国内回帰」説が，一部で叫ばれているが，まだ，全面的に移行できる状態でなく，我が国の海外工場と国内工場が協力しあって，「グローバル能力構築」をさらに強固なものにしていく必要がある。

現在，我が国が直面している経済状況から脱皮，飛躍・発展していくためには，我が国のこれまでの経済苦境を抜け出すには生産性の向上と需要開発は役だったが，今後は生産性向上，原価低減だけでなく，GDP（国内総生産）の

向上，ひいては人件費のアップ，人材の育成，製造業の飛躍が必要不可欠である。

　そのためには，製造業への取り組み方，戦略を変革していく必要がある。具体的には，まず，製品分野は，アーキテクチャでとらえると，高級自動車・自動車部品で代表されるインテグラル型製品が有利で，なかでも村田製作所で代表される「補完財」製品のような電子機器が有力で，さらなる革新性が重要となる。取り上げる企業が大企業とか，中小企業に関係ない。今後日本の経済界にとって，中小企業の活躍が期待されるので，以下，話題を中小企業に限定して議論を展開することにする。

　今後，我が国製造業がGDPの向上を図っていくためには，現行の製品を顧客にもっと買ってもらうためには，競合他社とどう対応すべきかだけではなく，まだ潜在している顧客の欲望をどのように探ってキャッチし，どのように商品化・製造・販売して顕在化していくかが重要となる。そのためには，生産性と販売力の向上だけではなく，マーケティングとイノベーションをキーとする事業戦略が不可欠である。

　事業戦略を成功させるには，ビジョンをどう描くかである。日本人には，ビジョンを描き，実行することが不慣れで，これまで，あまりその必要性を身に感じたことが少なく通してきた。

　ビジョンに対する考え方が，西洋と日本とでは，若干異なっている。西洋では，ビジョンは形而上学的思考原理として存在し，全体（産業界全体）を外側から見ようとする思考様式である。それに対して，日本では，自分たちが，存在する全体の中にいながら，全体を内側から見ようとする思考様式である。

　ビジョンとは静止して，いくら精神を集中させ，塾考・熟慮しても，なかなか浮かんでこない。もっとよくしようと，いろんな側面から多様な改善活動を繰り返して，無数の失敗の中から偶然ビジョンのヒントが浮かび上がってくる。そのヒントをベースに，事業を通じて将来，成し遂げたいことを1つの文章にまとめたものがビジョンである。

　次いで「ビジョン」を思想上の核として，「コアバリューと理念」，「パーパス」，「ミッション」を設定する。コアバリューと理念は，組織を動かす根本原

理や信条を体系化したもので，守らなければならない戒律である。ついで，パーパス企業が存在する根本理由，企業がそこにある究極の意義であり，最後にミッションは社員のエネルギーを集中させるべき説得力のある目標で，実現可能でなければならない。

　最後に，今後，我が国がどのように生き延びていくべきかをまとめてみよう。我が国は従来，生産性の向上，コスト低減，グローバル生産能力の構築によって，不況に耐えてきた。今後は，我が国の GDP の増大，具体的には商品の付加価値・価格をあげて企業の利潤を増やし労働賃金を高めて，労働者の獲得，人員の育成を図っていかなければならない。そのため，中小企業では，社長とそのスタッフが，市場・客先をまわってマーケティング活動に励み，一方では労働者の改善活動，イノベーション活動の意識を高めていかなければならない。そのような活動が，いつまでも継続的に展開され，確実に効果を上げるには，将来のビジョン・戦略をしっかりと立て，実行していくことが必要である。

（執筆　山田善教）

参考文献
［1］藤本隆宏（2017年）『現場を見上げる企業戦略』角川新書
［2］P.F. ドラッカー（2000年）『チェンジ・リーダーの条件―みずから変化をつくりだせ―』ダイヤモンド社
［3］木田元（2000年）『反哲学入門』講談社学術文庫

付 録

研究会の発足経緯と活動の歩み

1　研究会の発足経緯

　月日が経つのは早いものである。本書を世に問う切掛けは 2016 年 6 月末に本執筆者の一人で経営コンサルタントをされておられる山田先生が櫻井の所属大学の研究室を訪問したことから始まった。山田先生と櫻井は，櫻井が企業在籍時代からの知り合いで，企業の課題解決にご協力いただいたり，また山田先生が関わっておられた早稲田大学のワークデザイン研究会の発表会へ招待されたり，商学部主催の経営に関するシンポジウムなどへお誘いをいただき，先生が書かれた図書をいただいたりしていた。

　その日，先生と久々にお会いし，今の日本経済の萎縮状態に危機感を抱いていることと，今後日本がこのままで良いはずはないとの思いが語られ，新たな研究会を発足させ，櫻井研究室の価値創造型企業支援研究所内に『ネクストマネジメント展望研究会』を発足し，有志を集め，忌憚ない意見交換とどうしたらその方向性（デフレによる萎縮経済からの脱皮）を図ることができるか企業経営の観点で実践的研究をすることを誓い合った。その結果下記に示す研究会趣旨を同年 7 月 4 日に策定した。運営責任者として研究担当を山田善教先生，事務担当を櫻井敬三とした。両名の知人を中心に声をかけ，研究会をスタートさせた。

研究会趣旨の全文

『ネクスト・マネジメントの展望』研究会趣旨書

研究会趣旨

　激変する国際環境の下で日本企業経営を今後どのように展望していくべきかをさぐる。

　グローバル社会における国際的環境の下で，経済的，経営的視点から日本企業はどのような理想とビジョンを目指し，その実現に向けてどのように行動していくべきかを研究する。

　乖離する方向にある経営の理論と経営の実践を，将来，一体化させるためには，どのように見直し，調整していくかを研究する。

1　本研究会発足説明

　今日，日本経済は委縮し先の見えない状況下にある。また，グローバル化社会の到来により国際的な経済・経営の動向が企業経営にもたらすインパクトは図り知れなくなってきている。この局面をどのように打開するか，いろいろな経験・理論を持った有志が集まり，参加者すべてが年齢・経験・職位に関係なく，あくまで同等の立場で自由に建設的な意見を交わし，あるべき方向をさぐる。

　ある程度方向がまとまってきたら，その内容をまとめ，何らかの方法（図書，報告書）で社会へ発信する。

2　メンバー構成

　上記の趣旨に賛同する有志であれば，当研究会参加資格は無く，本人の希望による。また，自分の希望と当研究会の趣旨が合わないと判断された場合には，自由に不参加を申し出ていただく。基本的には，当研究会は，下記のような人達の参加を希望する。

　1) これまで経営の実務，調査，研究などの経験があり，企業の現状を憂慮され，あるべき新しい方向を探ることに関心がある方。

　2) 経営者，管理者，経営コンサルタントとして日々の経営行動の進むべき方向を見極め，その実践を行っている方。

　3) これからの経営のあり方について調査・研究している専門家で，経営実務者，研究領域の異なる専門家と学際的研究を望んでいる方。

3　研究の進め方

・最初は，先が読めない激動の社会環境のもとで，いかに経営学を展開していくべきかを論じている最新の経営学の書物をメンバーの意向で選び，その勉強会から始める。

・その際，一例として候補となる本を選定すると，
　　①C・Kプラハラード著，「コ・イノベーション経営」，東洋経済新報社
　　②C・Kプラハラード著，「ネクスト・マーケット」英治出版

　③ ゲイリーハメル著 「リーディング・ザ・レボリューション」日本経
　　済新聞出版

　④ ゲイリーハメル著 「経営の未来」 日本経済新聞出版

　⑤ 野中郁次郎 「流れを経営する」 東洋経済新報社

　⑥ ジム・コリンズほか「ビジョナリーカンパニー」 日経 BP 社

　⑦ 延岡健太郎 「価値づくり経営の論理」日本経済新聞出版

　⑧ その他，メンバーによって推薦された本

4　討論の進め方

タイプ1　専門書をベースにして，

　① 選んだ本に対して，各章ごとに説明・解読の担当者を選ぶ（割り
　　当てを辞退自由）。

　② 次回に発表者は担当の章の説明・解説を行う（担当の章を読むだ
　　けでもよい）。担当者が欠席にならざるを得ないときには，代わり
　　に事務局が代読する。

　③ 各章の内容に関して，さらに実践の立場から見たとき，どのよう
　　な課題があるか，未来の展望・希望があるかを議論し合う。

　④ 各章の討論が終了した時，本全体について討論し合う。

タイプII　ケース・事例をベースにして，

　① 該当するケース，または事例をひとり，あるいは数人で説明・解
　　説を行う。

　② その内容に関して，さらに実践の立場から見たとき，どのような
　　課題があるか，未来の展望・希望があるかを議論し合う。

タイプIII　工場・会社見学をベースにして，

　見学の内容に関して，さらに実践の立場から見たとき，どのような課
　題があるか，未来の展望・希望があるかを議論し合う。

5　会合の時と場所

　① 日本経済大学 大学院経営学研究科大学院附属　価値創造型企業支援
　　研究所（櫻井教授研究室）に研究会を設ける。

　② 月1回を原則とする（たとえば，第2土曜日の13時から2時間から

> 3時間程度とする。)。
>
> 入会金，会費はなし。ただし有料の講師を呼ぶときには，メンバ　で平
> 等に負担し合う。
>
> **6　ネクスト・マネジメント展望研究会の運営**
>
> 責任者　山田善教（研究担当），櫻井敬三（事務担当）

　上記趣旨で実際の活動で変更されたことは，櫻井が2018年度以降特任教授となり，研究室がなくなったことからメンバーの1人である同大学同研究科の高橋文行教授の研究室で会合を行って来た。また，コロナ感染問題が発生し，2020年7月以降（第25回～）はオンラインで実施してきた。

2　研究会の活動の歩み

　研究会活動は，第1回を2016年8月29日から開始し，第50回を2023年3月末日に行った。6年7カ月の歳月が経過した。当初山田先生と櫻井が研究会メンバー候補をリスト化し，個別に話をしながらメンバーを増やしていった。メンバーを拘束することはなかったので1回限りの参加者もおられたし，また大学の教員は自らの大学院生と同時参加するなどあった。大学院生を除く述べ参加人数は345名であり，1会合平均7名弱の参加であった。なお，本書の執筆者は80％以上の出席率の方々で本研究会の真の推進母体を形成した方々であった。なお特筆すべきは，全会合を出席されたのは本研究会の責任者の1人である山田善教（研究担当）先生，ただおひとりであったことを記載しておきたい。活動が継続推進された原動力であった。なお，本研究会を開始した2016年の10月15日に価値創造型企業支援研究所の第4回定例年次報告会『日本を元気にするために何をなすべきか？　PARTⅢ —明るい未来の日本を構築するための道筋を探る—』を開催し，その基調講演を山田先生にお願いし『ネクストマネジメントの展開　わが国製造企業の生きる道』の演題で講演いただいた。多数の方が聴講され惜しみない拍手をいただいた。

　第40回開催（2022年3月19日）時にここまでの活動内容をまとめ研究会メンバー全員に報告した。その時の内容を基に，以下あらましを一覧表にして

まとめる。なお，第41回以降は，研究会のメンバーは本書の執筆者6名に絞り，活動内容をまとめた。

タイプ1：専門書をベースにしての活動内容は，9つの図書を選択し，前述した討議の進め方に従い実施した。当初候補としていた7冊からは2冊（プラハラード著「コ・イノベーション経営」と延岡著「価値づくり経営の論理」が選ばれた。なお楠木著「ストーリーとしての競争戦略」はメンバー全員で章を分担し，輪講形式で7会合連続して，内容把握をしながら実証性があるかの確認をした。その結果は有効な方法であるとの結論に達した。その他は記載通りである。なお下記一覧表は，上段が著者名，図書名，そして出版時期，下段が対象図書の最も肝となると思われる所見である。またゴシック部は特に注目すべきキーワードである。右側に活動日（西暦末尾2桁と月，日），そしてその図書の発表者氏名を記す。

タイプ1：専門書をベースにしての活動内容（1〜9）

No	専門書名と骨子（1行ポイント）	活動日と発表者
1	延岡著「価値づくり経営の論理―日本―製造業の生きる道」（2011年9月）	16.8.27
	「モノづくり」はできても「価値づくり」ができない。**主観的価値**が重要性を増してきた。	山田
2	櫻井著「ファジーフロントエンド活動による技術革新創成」（2017年1月）	17.3.25
	イノベーションに成功した製品やサービスは，マーケットインではなく**自力での創造**が鍵。	櫻井
3	プラハードら著「コ・イノベーション経営―価値共創の未来に向けて―」（2013年7月）	17.4.15
	BOP（貧困層）市場でビジネスを伸ばせ。**多様な立場の人々（顧客）と一緒に価値を創出**へ。	真崎
4	楠木著「ストーリーとしての競争戦略　―優れた戦略の条件―」（2012年5月）	17.4〜18.1　7回
	日本には戦略不在。戦略は**動画ストーリー**であるべき。分析ではなく**統合。面白さが重要**。	山田(3)・櫻井・渡邊・高橋・藤井
5	アトキンソン著「新生産性立国論」（2018年2月）	18.5.26
	給料を下げ内部留保金を増やす。高品質妄想商品の台頭。**事業創造のできない無能経営者**。	山田

6	櫻井著「イノベーション創成の研究開発マネジメント」(2019 年 2 月)	19.5.18
	社会貢献を基としたR&Dへ。イノベーション創成と**価値創成**には**願望・目的展開を使え。**	櫻井
7	ポーター・竹内著「日本の競争戦略」(2000 年 4 月)	19.12.～20.10 3 回
	オペレーション効率優先。同質的体質（過剰投資と過剰生産）。**本来のクラスター戦略を実践せよ。**	山田(3)
8	櫻井著「イノベーション実現のための価値分析のすすめ」(2019 年 8 月)	20.1.25
	顧客が求めない価値は不要なコストと捉え，**創造的手法で新たな価値を生み出す。**	櫻井
9	藤本著「現場から見上げる企業戦略論」(2017 年)，藤本他著「ものづくりの反撃」(2016 年)	21.11.13
	日本の製造業は製造の前段階の**設計段階からのマネジメントが必要。**	山田

　タイプ 2：ケース・事例をベースにしての活動内容は，26 テーマの発表＆質疑応答を行い，各テーマ事例の理解を深めつつ，その事例からの新たな知見を共有した。そのポイントとなる内容を各テーマの下段に記載する。各テーマの活動日と発表者は右欄に記す。

タイプ 2：ケース・事例をベースにしての活動内容（1～26）

No	テーマと骨子（1 行ポイント）	活動日と発表者
1	ネクストマネジメント分析フレームと鈴木仮説	16.10.29
	国家間取引が減少か？近視眼的見方から歴史観的見方が大切。**マーケティングが特段大切。**	鈴木
2	顧客協創型サービスイノベーションによるスマートインフラ戦略の新展開	16.12.17
	日立製作所は近々タイトルビジネスへ移行。**営業利益 8％以上**なければ事業継続せず。	藤井
3	日本発条の品質管理―自動車 T 社向けを中心に―	18.3.18
	トヨタとの取引について（**厳しい指導**，ベストな設計変更，**費用が掛かる**）	真崎
4	前川製作所 2 代目経営者前川正雄氏の経営	18.3.18　11.10
	個々のニーズを深堀し製品を誕生させる**お客様囲い込み戦略。**企業内共同体と顧客関係。	山田

5	品質が経営に与える影響—最近の企業における品質リスクから—	19.1.26
	問題企業の実情。**経営者が品質に関心持たず**。その結果組織弱体や再発防止策の不徹底。	真崎
6	家電製品におけるサービスデザイン戦略による脱コモディティ化モデルの研究	19.3.16
	掃除機・扇風機・炊飯器を日本と海外で比較。**日本は独自性低い**が海外はデザイン性能高い。	郭・藤井
7	現代貨幣理論（Modern Monetary Theory）	19.6.29
	話題のMMTをわかりやすく解説。**統合政府（政府＋日銀）と考えれば会計上の借金ではない**。	渡邊
8	江戸から見た日本経済の行方	19.6.29
	江戸期が日本経済の原点思考。**石門心学・三方よし思想**・財閥の基も当時できたもの。	山田
9	アダム・スミスの道徳感情論	19.9.14
	社会性（道徳）と経済性の両立論であった。現在は**前者が欠如し問題**である。（金融資本主義の台頭）	山田
10	近江商人の三方良し	19.9.14
	「買い手よし，売り手よし，世間よし」が生まれたわけを歴史的観点と当地赴任経験から解説。	真崎
11	日本における健康の格差	19.11.9
	国際的健康寿命データを基に安全な飲料水・し尿処理法・伝染疾患防止等を比較考察。	蔡
12	100円ショップの功罪	19.11.9
	年商1億円/1店舗で全国5500店舗ある。**価格破壊は良いことか悪いことか**の論議の整理。	櫻井
13	中国のIT進化	19.12.21
	米国GAFAと**中国BATH**。世界の有力ベンチャー390社中**25％が中国IT企業**。	高橋
14	美的価値とは何か（オリジナリティーを評価する）	20.6.20
	意匠デザイン（美的価値）が使用価値を駆逐するのか？　**オリジナリティとは何か？**	櫻井
15	IoTデジタル化時代の総合電機メーカーのサービス戦略モデル	20.7.25
	単体＋サービス⇒エンジニアリングサービス⇒ソリューションサービス⇒**BTOサービス**	藤井

16	ポストコロナの企業経営	20.9.19
	成長継続には柔軟な対応と長期を見据えたチャンス行動。**デジタル化時代の諸行動。**	高橋
17	中小企業における中国ビジネスの展開	20.11.28
	特許取得＋日本ブランド＋少品種少量生産対応で実施が成功する。**東南アジア進出は NG。**	高橋
18	過去の研究・開発活動結果をどのように新たに活動する別研究・開発活動に生かすべきか	20.11.28
	活動のビジュアル化で**特許出願時期**や具現化実現できる。**達成時期予測**などできる。	櫻井
19	メコン流域における中国広西・雲南の経済的役割　―貿易データによる分析を中心に―	21.2.6
	両地域とも**生産ネットワークの一翼**を担い，近未来には**越境地経済開発の1拠点**となる。	安田
20	ニューノーマル時代の企業戦略/日本人よ 謙虚になれ（アマゾン事例）	21.4.17
	高橋：① 柔軟対応，② 長期戦略，③ 変革戦略，④ 多面洞察，⑤ 情報活用　櫻井：① 企業志向，② 投資家志向，③ 顧客志向　特に売上向上には③ 顧客志向が重要。	高橋/櫻井
21	日本の中小製造企業行動分析からの示唆　（2021 年 4 月実施アンケート調査結果報告）	21.9.25
	自主独立型企業は自らの戦略を持ち，**画一化された企業戦略はない**ことが判明。	櫻井
22	北海道ホスピタリティ・イノベーション戦略の推進によるアフターコロナ・ニューノーマル（令和）時代の新たな第 6 次産業創成	21.12.18
	雇用を生み出す産学官連携の実践により**ウオンツを引き出し，夢の構築を**短期実現へ。	藤井
23	持続的成長に向けた経営戦略（戦略的情報経営）	21.12.18
	ビジネスは競争に勝ち抜くことが必要で，そのための**戦略的情報経営**が必要。	高橋
24	今 日本企業に何が求められているか？（このままでは日本国は存続できなくなる）	21.12.18
	日本経営の全否定。**分析から統合（創造）思考へのシフト。**その結果ブレークスルー実現	櫻井
25	Model Based Management に関わる一考察（System Dynamics を用いて共有ビジョンの形成）	22.2.12
	学習する組織づくりのためシステム思考が大切。そのため新たな発明（創造）が必要。	渡邊

26	クルマの電動化　取り巻く環境について	22.2.12
	CASE（連携，自動運転，共有，電動化）と**カーボンニュートラス**，SDGs のキーワードが重要。	真崎

　タイプ3：工場・会社見学をベースにしての活動内容は，今回1社にとどまった。当初活動後半で集中して訪問予定であったが，直近3年間が想定外のコロナ感染騒動が勃発し，実現できなかった。

タイプ3：工場・会社見学をベースにしての活動内容

No	訪問先とその内容（ポイント列挙）	訪問日と報告者
1	東京ブラインド工業　本社（港区白金高輪）	18.4.21
	・メンバーの渡邊氏のご紹介で訪問 ・自主独立型中堅・中小企業（自社ブランド志向でOEMやファブレスはしない） ・技術志向のアプローチ（特許戦略重視） ・経営者の櫻井氏の思い（日本では音環境に関する認識が低い設計事務所やゼネコンが多く，そこに風穴を開けるべく取り組んでいる。 ・産学連携事例紹介（明治大学ほか） ◎ 同業大手との住み分け型経営・差別化戦略・技術経営などの成功事例の中小製造企業のご報告	櫻井（武）社長

　以上の活動を踏まえ，要所ごとに本研究活動の総括を行った。そのまとめを下記する。

3　研究会活動の全体討議からの9つの示唆（原型版）

　ここでは，付録として掲載することから，生に近い内容の研究ノート（粗削りなまま）として載せることとした。本文との差異があることは承知で掲載する。本文との差異は最終的な判断の中で変更したものと了解いただきたい。

全体討議（1）　開始後丸2年目（2018年7月〜9月）内容

No	テーマと内容骨子	活動日・問題提起
1	大量生産・大量消費時代は去った	18.7.14
	・日本の大企業は営業が強いことが問題。人口減時代では「高品質・低価格」志向はNG ・これからは，中小企業が頑張る時代がやって来た。大企業は変化対応無理か？ ・事例：富士重工が米国輸出仕様を見直し（安全，使いやすさ，乗りやすさ）で業績アップ（山田） ・事例：吸音技術データに基づき個別顧客ごとに対応。お客様の心を読む（櫻井（武）） ・現市場にあるものではなく，ないもの（＝お客様に必要なもの）を作ればよい。 ◎**大量生産・大量消費によるコスト削減や生産性向上はこれからの経営にはマイナス要因**	・産業革命後のテーラーに始まる生産性向上は正しかったのか ・産業資本主義⇒金融資本主義⇒IT資本主義へ
2	付加価値を生み出せない日本企業	18.7.14
	・B to C：使用する顧客（当事者）になり切った対応こそ重要［ユーザイノベーション］ ・B to B：顧客がもうかるシステムの提供　（事例提供者：渡邊・櫻井・高橋） ◎**新しいもの提供・顧客価値実現⇒戦略や組織のあり方の変革⇒高付加価値化** 　**（新事業（ハイテク・ニッチな新製品市場））の創造**	・Uイノベーションは存在するのか ・護送船団方式の弊害の是正は可能か
3	「シュンペーターのイノベーション」と「前川流 場所的経営」	18.9.22
	・シュンペータ「イノベーションがなくなったら資本主義経済は無くなる」 ・前川流 経営「環境変化に適応し，生き続ける生物のような経営。（顧客と一体になって新ニーズを生成。感覚知＞論理知。過ちは社員全体で共有。） ◎**資本主義経済渦でも前川製作所のようなアプローチでプチイノベーションは実現できる**	・資本主義経済否定論も存在する ・受注生産主流に（見込生産衰退）

全体討議（2）　開始後丸 4.5 年目（2021 年 3 月～6 月）内容

No	テーマと内容骨子	活動日・問題提起
4	どこでも通用する『一般的戦略』ではなく，『個別の戦略』に対応可能なアウトプットをめざす	21.3.27
	・社会を見る視点：ニューノーマル時代到来（その仔細な内容とそのあるべき姿を明らかに） ・企業戦略の視点：① 策定意義，② 価値向上評価基準，③ 新たな価値創成メカニズムは如何に ・情報戦略の視点：① 柔軟対応，② 長期戦略，③ 変革戦略，④ 多面洞察，⑤ 情報活用 ・企業規模の視点：大企業よりも機動力のある中堅・中小企業が今後増々有利 ◎日本の枠を超えた世界を見据えた上（比較），中小企業に絞り検討をしておくことが日本にとって得策である。（理由は大企業はもはや衰退の一途をたどる可能性大だからである）	・他社成功例の真似は NG ・成功例実現理論の画一化は NG ・オリジナティー形成（創造）とは
5	不確実性要件（自然災害，世界市場他）を考慮した上，具体的経営マネジメント（戦略＋α）が必要	21.5.22
	・不確実性高いから戦略の必要性が増すという考え方（BCP，BCM など）出現。 ・製造コスト削減活動は戦略にならず。戦略には画期的な発見（直観）が必要。日本人苦手。 ・価値をつくる（延岡のアート思考，ジェイムズの The Value Chain，ナドラーの BT 思想） ・企業の変革力（ダイナミック ケイパビリティ）の強化必要 ◎画期的な発見手順は，① 過去成果を深く知る，② 未来に向かって再編集，③ 革新的発見の核となる直観的ひらめきが必要（創造の道程）	・不確実性が高い状況下での経営戦略の策定は可能か？ 経営戦略意義は
6	日本での新製品開発は ① ニーズ変化察知，② 高度化・複雑化，③ インテグラル化がベスト	21.6.19
	・IoT 活用による新価値創成と経済活動創出の実行計画（キーワード：地方創成，サービス） ・価値創成にはロジカル思考とアート思考がある。前者は手順化でき，後者は画一的方法無 ◎日本の製造業の復権のためには No.5 の◎部と No.6 の表題記述を実施するとよい。	・価値について幅広く討議。

全体討議（3）　開始後丸5年目（2021年8月〜2022年2月）内容

No	テーマと内容骨子	活動日・問題提起
7	日本的経営の1つ大企業と中小企業との下請型構造（日本の在来の国家戦略）が日本を救うか	21.8.14
	・輸送業界は上記は現存し，マブチモータは親企業（アセンブリーメーカ）と対峙したため，日本電産に輸送市場の大半を奪われた。 ・日本の中小製造企業が生きる道は日本の材料仕入れ先を抑えておくこと大切。 ◎下請型構造はインテグラル型ビジネスを展開する業界には有利である。現行のオープンイノベーションとは真逆のクローズドイノベーションである。救うかは，わからない。	・日本の製造企業が生き延びるにはどうするか
8	経営戦略は意味があるか？	21.12.18
	・雇用を生み出す産学官連携の実践によりウオンツを引き出し，夢の構築を短期実現へ ・ビジネスは競争に勝ち抜くことが必要で，そのための戦略的情報経営が必要 ・日本経営の全否定。分析から総合（創造）思考へのシフト。その結果ブレークスルー実現 ◎経営をしながらの策定が重要。外資企業は戦略を共有化している。収益オンリーなら可能か？	・ネクストマネジメント展望に役立つ考え方は
9	輸送業界における下請中小製造企業は存続可能か？	22.2.12
	・学習する組織づくるのためシステム思考が大切。そのため新たな発明（創造）が必要 ・CASE（連携，自動運転，共有，電動化）とカーボンニュートラス，SDGsのキーワードが重要 ◎新事業対応できなければ，企業存続は難しい。	・ネクストマネジメント展望に役立つ考え方は

（執筆　櫻井敬三）

索　引

著者紹介 アイウエオ順

櫻井敬三（さくらい　けいぞう）　序章，第1章，第4章，第6章，付録

日本経済大学大学院特任教授，横浜国立大学後期課程修了　博士号取得（技術経営）

2008年まで民間企業勤務（荏原製作所，横河電機，ローム）

第12代日本創造学会理事長を歴任ほか

主な著作に『ファジーフロントエンド活動による技術革新創成』（文眞堂）など，発表論文多数。

日本バリューエンジニアリング協会最優秀論文賞（1982年），全日本能率連盟通商産業大臣賞（1987年）

日本創造学会論文賞（2007年）など受賞。

高橋文行（たかはし　ふみゆき）　第3章

日本経済大学大学院教授・経営学研究科長，静岡大学博士後期課程修了　博士号取得（情報学）

2011年まで日系と外資系企業勤務（日本フィリップス，NECエレクトロニクスほか）

日本コンペティティブ・インテリジェンス学会会長ほか

主な著作には：『技術インテリジェンスの基礎と応用』（静岡学術出版）など，発表論文多数。

日本コンペティティブ・インテリジェンス学会論文賞（2019年度），IAGBT-KITRI Biannual International Conference and Research Symposium 論文賞（2022）など受賞。

藤井　享（ふじい　とおる）　第2章

北見工業大学　教授（大学院工学研究科戦略的協創イノベーション研究室・工学部地域国際系長・社会連携推進センター長・知的財産センター長）

北海道国立大学機構オープンイノベーションセンター　研究推進部門長

中央大学後期課程修了 博士号取得（学術）

2019 年まで民間企業勤務（日立製作所）

日本ホスピタリティ・マネジメント学会会長ほか

主要な著書には『スマートインフラ戦略—サービスイノベーションによる利益創出モデル—』（ブイツーソリューション）など，発表論文多数。日本ホスピタリティ・マネジメント学会 2010 年（論文奨励賞受賞），2015 年（論文奨励賞受賞），2016 年（論文特別賞）など受賞。

真崎　貴（まさき　たかし）第 4 章

自動車部品製造業勤務　日本大学大学院グローバルビジネス研究科修了

産業用ばね，半導体製造装置，機械式立体駐車場に関する設計・開発・製造・品質保証等に従事。

国内外特許取得。

山田善教（やまだ　よしのり）結章

システム自動化研究所所長　早稲田大学第一理工学部工学経営学科卒業

JPICS 幹事として JIT，MRPS，FA，CIM，製品設計の標準化，経営戦略などを国内外で指導・研究。

主要な著書には，『場所の論理による事業改革　イノベーションへの西田哲学の応用』白桃書房など。

渡邉　恵（わたなべ　めぐみ）第 5 章

e-ビジネス・スタイル株式会社 代表取締役　北海道大学・理学研究科・化学専攻修了 理学修士

2008 年まで民間企業勤務（東洋科学研究所，アルソア総合研究所，三木産業）

2008 年より現職 ベンチャーへのハンズオンおよび中小企業への補助金活用への支援に従事。

地域創業促進支援事業 創業スクール 主任講師歴任。

主要な著書には，『新しい水の科学と利用技術』（共著），（サイエンスフォーラム）など